Hans-Peter Waldrich · Esoterik für Einsteiger

Hans-Peter Waldrich

# Esoterik für Einsteiger

## Ein Wegweiser durch westliche und östliche Traditionen

Kösel

»Wissen ist Nichtwissen.«

*(Nicolaus von Cues, De docta ignorantia)*

ISBN 3-466-34246-5


Druck und Bindung: Kösel, Kempten.
Umschlag: Elisabeth Petersen, Glonn.
Umschlagbild: Celia Johnson, Düsseldorf.

2 3 4 5 6 · 95 94 93 92 91

# Inhalt

# Einleitung

Esoterik wird eine Strömung genannt, die seit Jahren auf immer breiteres Interesse stößt und immer mehr Menschen in ihren Bann zieht. Esoterische Gruppen gibt es in jeder Stadt, esoterische Zeitschriften finden zahlreiche Leserinnen und Leser, das esoterische Angebot der Buchhandlungen umfaßt inzwischen einen hohen Prozentsatz des gesamten Sortiments. Überall ist von Esoterik die Rede – was versteht man darunter?
Das Wort »Esoterik« ist zunächst nichts weiter als eine Sammelbezeichnung für recht unterschiedliche Richtungen, deren Gemeinsamkeiten erst bei genauerem Hinsehen sichtbar werden. Die beiden Hauptquellen der Esoterik entspringen im Osten und im Westen. Im Osten sind es insbesondere die uralten Weisheitslehren der Inder und Japaner, Hinduismus und Buddhismus, mit ihren Praktiken der Meditation: dem Yoga und dem »Zazen«. Im Westen geht die esoterische Tradition bis auf die alten Griechen zurück und führt über die Mystik des Mittelalters in die Gegenwart.
Neben diesen Quellen der Esoterik in der Vergangenheit gibt es moderne Ursprünge der esoterischen Erfahrung: hier ist in erster Linie die Beschäftigung mit den »okkulten« Erscheinungen zu nennen, in deren Mittelpunkt die Wissenschaft der »Parapsychologie« steht. Ein weiterer wichtiger Ursprung moderner Esoterik findet sich in der Psychologie, etwa verbunden mit dem Namen des großen Schweizer Tiefenpsychologen C.G. Jung. Den zeitlich gesehen jüngsten Zugang zur Esoterik bietet die sogenannte Sterbeforschung, die von aufsehenerregenden Erfahrungen von Menschen an der Todesschwelle berichtet.
Alle diese vielfältigen religiösen, psychologischen und wissenschaftlichen Strömungen fließen heute zusammen zu einer veränderten Weltsicht, die nach der Auffassung vieler ein neues Zeitalter (das »New Age«) ankündigt. Bis noch vor kurzem

schien der Materialismus auf dem unaufhaltsamen Vormarsch zu sein. Die Menschen interessierten sich nur für sich selbst, für Kommerz und Konsum. Immer weiter dehnt sich neuerdings eine Bewegung aus, die nach den Tiefendimensionen des Lebens fragt und auf der Basis dieser neuen Spiritualität die Gemeinsamkeit aller Menschen bei ihrem Weg in eine hoffnungsvolle Zukunft entdeckt.

Der vorliegende Führer durch das breitgefächerte Angebot esoterischer Erfahrungen will für den Leser eine Hilfe zur Orientierung sein. Was sagt die Wiedergeburtslehre? Welche Bedeutung hat die Astrologie? Wie kann mit Tarot-Karten oder dem I-Ging umgegangen werden? Wer sich für Esoterik interessiert, wird den Reichtum der in ihr enthaltenen Möglichkeiten zunächst als verwirrendes Labyrinth erleben. Erst wenn er die grundlegenden Strömungen auseinanderhalten kann, wird es ihm leichter fallen, sich für eine vertiefende Beschäftigung mit der einen oder anderen Richtung zu entscheiden.

Hierbei ist eines wichtig: in der Esoterik kommt es nicht so sehr auf das theoretische Denken an als vielmehr auf die persönlich erlebte Praxis. Yoga, um ein Beispiel zu wählen, entstand aus der alt-indischen Lebens- und Weltanschauung heraus. Diese kann man sich durch Bücher aneignen. Was Yoga von innen heraus bedeutet und welche erstaunlichen Wirkungen es entfaltet, kann man nur erfahren, indem man Yoga *praktiziert.* Ähnlich sieht es bei allen anderen esoterischen Praktiken aus. Sie müssen ausgeübt werden, damit ihre Bedeutung für das eigene Leben deutlich wird. Dabei ist es nicht unbedingt günstig, sich immer wieder neuen Techniken zuzuwenden. Auch in der Esoterik gibt es eine Art Konsumhaltung, die sich stets an dem orientiert, was gerade Mode ist. Besser ist die geduldige Konzentration auf die einmal gewählte Richtung. Denn alle esoterischen Wege verfolgen letztlich ein ähnliches Ziel.

Wer sich über Esoterik informiert, kann nicht die Augen davor verschließen, daß es gerade auch auf diesem Feld zahlreiche Gefahren und Abwege gibt. Geschäftemacher haben hier neue Märkte entdeckt, Scharlatane und Betrüger begeben sich auf Bauernfängerei, seelisch labile Menschen sind in Gefahr, sich in Wahnideen zu verfangen. Wie alle guten und wichtigen Dinge hat die Esoterik auch eine Schattenseite, mit der man sich auseinandersetzen muß, wenn man den richtigen Weg für sich finden will.

Noch ein Wort zur Darstellungsweise dieses Buches: Es wurde versucht, ein ausgewogenes Verhältnis zwischen den theoretischen Lehren der Esoterik und einer Schilderung der esoterischen Praxis zu finden. Uralte Traditionen kommen dabei ebenso zur Sprache wie aktuelle Techniken, die gegenwärtig überall angewandt werden. Ausgewählte und kommentierte Literaturhinweise sollen eine vertiefte Weiterbeschäftigung mit der Thematik erleichtern. Wer in die Esoterik eindringen möchte, wird jedoch über das Lesen hinaus seine eigenen praktischen Erfahrungen sammeln müssen. Dieses Buch will ihm dabei ein Wegweiser sein.

# 1. Parapsychologie – Eine Wissenschaft sprengt unser Weltbild

Immer wieder berichten Menschen von Erlebnissen, die sie sich nicht erklären konnten. Zum Beispiel vom »Gedanken-Kontakt« mit einem Freund. Der frühere Bekannte war in eine andere Stadt gezogen, die Verbindung war abgebrochen. Plötzlich taucht intensiv die Erinnerung an diesen Menschen auf. Soll man den Kontakt wieder aufnehmen, einen Brief schreiben? In diesem Augenblick klingelt das Telefon, und genau dieser Bekannte meldet sich!

Auch ein anderes Erlebnis stellt uns vor Rätsel, obgleich es sehr häufig vorzukommen scheint: die sogenannte »Déjà-vu«-Erfahrung. Jemand befindet sich auf einer Reise in einer fremden Umgebung. Zum ersten Mal sieht er eine bestimmte Landschaft oder eine bestimmte Stadt. Trotzdem überwältigt ihn plötzlich das sichere Gefühl: hier warst du schon einmal, diese »fremde« Gegend hast du schon einmal gesehen (»déjà-vu«).

Die Aufzählung solcher und ähnlicher Erlebnisse ließe sich fortsetzen. So erzählen Menschen oft, daß sie von Ereignissen träumten, die zur selben Zeit weit entfernt lebenden Familienmitgliedern zustießen. Auch zukünftige Geschehnisse kündigen sich nicht selten in Träumen an. Sobald sie eintreten, kehrt die Erinnerung an den Traum ganz deutlich wieder. Vergleichbare Erlebnisse gehören zu unserem Alltag. Aber wenige sprechen darüber; vielleicht aus Furcht, nicht ganz ernst genommen zu werden?

Dabei sind es gerade diese merkwürdigen, manchmal etwas unheimlichen Erfahrungen, die uns andeuten, daß die Welt unserer alltäglichen Vorstellungen nicht die ganze Wirklichkeit ist, sondern nur einen begrenzten, verengten Ausschnitt wiedergibt. Phänomene wie Telepathie (Gedankenübertragung), Hellsehen oder Präkognition (Vorauswissen) sind in aller Welt

von Parapsychologen gut erforscht worden. Parapsychologie ist die Wissenschaft der »okkulten« Erscheinungen. Okkult bedeutet »verborgen«; hier geht es also um das Hintergründige, das oft nicht in unser alltägliches Weltbild passen will. In Hunderten von gründlichen Forschungen hat die Parapsychologie eindeutig klären können: Telepathie, Hellsehen und Vorauswissen gibt es tatsächlich, sie sind keine »Einbildung«.
Welche Bedeutung diese Tatsache hat, wird am Beispiel paranormaler Voraussagen deutlich. Im März 1979 kam es zu einem folgenreichen Reaktorunfall im Kernkraftwerk von Harrisburg (USA). Mehrere Menschen hatten dieses Ereignis vorausgesehen. Einige hatten davon geträumt. In einem anderen Fall hatte ein amerikanischer Student einen Traum über einen Flugzeugabsturz von zwei Boeing-Jumbos, bei dem es zu 583 Toten kam. Der Student schrieb den Traum auf und gab ihn dem Präsidenten der Duke- Universität, der ihn in einem Safe aufbewahrte. Zehn Tage nach dieser Ankündigung ereignete sich in Teneriffa eines der größten Unglücke der Luftfahrtgeschichte. Bei einem Zusammenstoß von zwei Jumbo-Maschinen wurden 583 Menschen getötet.
Wie sind solche Voraussagen möglich? Es gibt kaum eine andere sinnvolle Erklärung, als anzunehmen, daß der Mensch zu Bewußtseinsbereichen Zugang hat, in denen Zeit und Raum keine Rolle spielen. Wer in einem Traum Ereignisse voraussieht, die erst viel später eintreten, »überspringt« die Zeit, sie ist für ihn gar nicht vorhanden. Es sieht so aus, als gebe es die Zeit nur für unser Alltagsbewußtsein und als existiere »dahinter« eine höhere Wirklichkeitsebene, in welcher der Faktor Zeit aufgehoben ist. Ist die Zeit nur eine vordergründige Illusion? Wer selbst telepathische Erlebnisse hatte oder wer Träume »wahr« werden sah, wird sich solche Fragen stellen.
Wenden wir uns noch anderen aufsehenerregenden paranormalen Phänomenen zu. Uri Geller, der »Löffelbieger«, ist fast jedem noch ein Begriff. In den siebziger Jahren trat der damals junge Israeli mehrfach im Fernsehen auf. Es gelang ihm offenbar, allein durch Gedankenkraft, Besteckteile zu verbiegen. Später gab er zu, gelegentlich mit Tricks gearbeitet zu haben.

Daraufhin war für die Massenmedien das Thema »Geller« und alles, was damit zusammenhing, erledigt.
Viel wichtiger als die Frage, ob Uri Geller tatsächlich paranormale Fähigkeiten besitzt, ist jedoch die Tatsache, daß, durch Gellers Fernsehauftritte angeregt, in vielen Ländern zahlreiche Experimente zur Beeinflussung von Metallen durch Gedankenkraft durchgeführt wurden. So beispielsweise von Professor John B. Hasted, Vorstand des Physikalischen Instituts am Birbeck College der Universität London, der Metallstücke mit an Registriergeräten angeschlossenen Dehnungsmeßstreifen versah, die kleinste Dehnungsänderungen festhielten. Dann sollten Kinder die Metalle verbiegen, ohne sie dabei zu berühren. Die Kinder hielten in der Regel ihre Hände in etwa 50 Zentimetern Abstand, manchmal saßen sie auch in drei, fünf und selbst in zehn Metern Entfernung. In einer Vielzahl von Versuchen konnten Dehnungen und Biegungen der Metalle eindeutig nachgewiesen werden.
Noch faszinierender ist es natürlich, wenn einem selbst derartige Experimente gelingen. Beliebt waren eine Zeitlang die sogenannten »Metallbiege-Partys«. Eine davon fand 1982 auf dem Hundert-Jahr- Kongreß der »Society for Psychical Research« (des ältesten parapsychologischen Forschungsinstituts) in Cambridge statt. Hier ging es nicht um ein wissenschaftliches Experiment, sondern um eine Art Selbsterfahrung mit dem Paranormalen. Ein Teilnehmer, der Diplom-Psychologe Eli Weidenfeld, berichtet: »60 bis 70 Teilnehmer, darunter viele bekannte Parapsychologen, schafften es gerade noch rechtzeitig, in den dafür vorgesehenen Raum zu gelangen, bevor er zu voll wurde. Manche saßen auf Stühlen oder standen an den Wänden, andere saßen auf dem Boden. Es herrschte eine amüsierte Hochstimmung. Den Abend leitete ein Amerikaner namens Alexander, von dem ich sonst nichts wußte. Er brachte Beispiele von angeblich paranormal gebogenen Metallgegenständen mit, wie Schlüssel, Münzen, Stangen und vor allem viel Besteck... ›In Amerika,‹ sagte er, ›biegen sich bei solchen Partys mindestens 80 Prozent der Teilnehmer etwas während des Abends.‹ Alle nahmen nun ein Besteckteil in die Hand und gingen im Raum

umher. Und dann, zirka 20 bis 30 Minuten nach Beginn, fing es an. Jemand bog einen Löffel – eine u-förmige Verbiegung an der Schmalstelle des Stieles – und gleich geschah noch eine anderswo im Raum, und noch eine und noch eine, es war wie eine Kettenreaktion.«

Was zunächst vielleicht etwas lächerlich erschien, wurde nun für viele zum beeindruckenden Erlebnis. Ohne daß man Druck ausgeübt hätte, verbog sich das Besteckteil in der Hand! Eine solche Erfahrung schockiert. So etwas paßt einfach nicht ins moderne Weltbild. Aber ganz offenbar gibt es hinter der Fassade des Alltäglichen noch eine verborgene Wirklichkeit, in der Gesetze gelten, die wir sonst leugnen. »Offiziell« können sich Löffel nicht von selbst verbiegen, aber tatsächlich tun sie es eben doch.

Was kann die Ursache dafür sein? Viele Parapsychologen gehen davon aus, daß der Geist viel mächtiger ist, als wir im allgemeinen annehmen. Er ist nicht streng von der Materie getrennt. Möglicherweise ist auf einer tieferen Ebene der Geist mit der Materie identisch, und es erscheint uns nur aus unserem menschlichen Blickwinkel so, als seien Geist und Materie zwei grundverschiedene Dinge. So gesehen macht es im Endergebnis keinen Unterschied, ob ich einen Löffel mit Muskelkraft oder durch die Kraft des Geistes verbiege. Die ganze Wirklichkeit besteht aus einem einheitlichen »Material«; deshalb verhalten sich Geist und Materie stets wie siamesische Zwillinge: sie hängen – auch wenn wir das gewöhnlich nicht bemerken – aufs engste zusammen.

Um diesen Punkt geht es in allen spirituellen Erfahrungswegen, wie sie in diesem Buch geschildert werden: Es gibt eine höhere, hintergründige Wirklichkeit, die jenseits unserer Alltagswelt liegt, und es gibt höhere Formen des Bewußtseins. In dieser jenseitigen Wirklichkeit existieren weder Raum noch Zeit, alles was uns getrennt erscheint, bildet dort eine Einheit. Die meisten Menschen sitzen jedoch wie in einem finsteren Keller und halten nur das für wirklich, was sie im Schein der schwachen Kellerbeleuchtung erkennen können. Draußen strahlt die helle Sonne, aber das bleibt ihnen verborgen. Mystiker, Yogis und die spirituell erleuchteten Menschen aller Zeiten haben jedoch längst ein Fenster zu dieser Wirklichkeit aufgestoßen. Von ihnen soll in den folgenden Kapiteln die Rede sein.

## Gefahren und Abwege

Anfang der siebziger Jahre hatte der amerikanische Horrorfilm »Der Exorzist« einen ungeheuren Erfolg. Es ging ihm in den USA der Ruf voraus, die Zuschauer in panische Angst zu versetzen. Viele weinten und schrien, andere übergaben sich vor Ekel. Obgleich man in Europa nichts über derartige Extremreaktionen hörte und es sich bei solchen Berichten um Übertreibungen zu Werbezwecken handeln mochte, war der Film auch für einen abgeklärten und vorbereiteten Zuschauer recht eindrucksvoll. Erzählt wird die Geschichte eines kleinen Mädchens, das vom Teufel besessen ist. Es geschehen unheimliche Dinge: das kleine Mädchen grunzt und brüllt mit der Stimme eines Dämons, Spukphänomene treten auf, das Bett des Kindes rüttelt und erhebt sich vom Boden, herbeigerufene Priester versuchen es mit dem Austreibungsritual (dem Exorzismus); einer von ihnen wird dabei ein Opfer Satans, der den Körper des Kindes verläßt, um den Priester in den Tod zu treiben.

»Der Exorzist« steht am Beginn einer großen »okkulten Welle«, die seitdem über die USA und Europa hinweggegangen ist und die, weit mehr als eine Modeerscheinung, immer mehr Menschen in der einen oder der anderen Form erfaßt hat. Zahllose parapsychologische Arbeitskreise wurden gegründet, Erich von Dänikens Bücher erreichten Millionenauflage, Elisabeth Tessiers »Astro-Show« faszinierte das Fernsehpublikum. Schließlich war auch von Betrug die Rede: Neben Uri Geller war es besonders der »Chopper«, jener »Geist«, der die okkultgläubige Welt in Unruhe versetzte, und der sich (nachdem er sogar eine Anfrage im Bundestag ausgelöst hatte) als Phänomen aus der Trickkiste eines publicitysüchtigen Zahnarztes entpuppte.

Interessant ist, was Vertreter der wissenschaftlichen Parapsychologie zur »okkulten Welle« sagen. Sie beklagen den weitverbreiteten unkritischen Umgang mit diesen Dingen. Denn je gläubiger von einem Teil des Publikums alles vorgeblich »Okkulte« für bare Münze genommen wird, desto entschiedener treten auch die Gegner auf den Plan. Kompromißlos bekämpfen sich zwei Parteien, zwischen denen kaum noch vermittelt werden kann: auf der einen Seite die »Vernünftigen« und »Nüchternen«, die, angewidert vom okkulten Rummel, alles in Bausch und Bogen für Unsinn erklären, was mit »Parapsychologie« zusammenhängt; auf der anderen Seite Menschen, die letztlich alles für wahr halten, wenn es nur »wunderbar« oder »paranormal« zu sein scheint. Beide Einstellungen nützen aber einer Lösung der durch die Parapsychologie aufgeworfenen Fragen wenig, weil sie eine sachliche Auseinandersetzung mit den wahrhaft revolutionären Ergebnissen dieser Wissenschaft verhindern.

Wie wichtig ein sachlicher Umgang mit dem Okkulten ist, zeigt sich darin, daß die Parapsychologie *auch* eine Geschichte des Betrugs und der Täuschung ist. Nicht selten haben spiritistische Medien über Jahre hinweg ihr Publikum und auch die beobachtenden Wissenschaftler zum Narren gehalten. Auch fand vieles, was »paranormal« zu sein schien, bei genauerer Untersuchung eine ganz natürliche Erklärung. Andererseits bleibt auch nach Abzug derartiger Fälle in der mehr als hundertjährigen Geschichte der Parapsychologie noch ein beachtlicher Rest von Tatsachen, die – wenn sie nur ernst genommen werden – unser Weltbild erschüttern müßten. Von diesen Tatsachen gilt es auszugehen.

Dabei empfiehlt sich eine kritische Haltung, die sich nirgendwo vorschnell auf unausgewiesene Annahmen festlegt. Die Naivität und Leichtgläubigkeit mancher Menschen ist dabei ebenso unfruchtbar wie die oft verbohrte Arroganz vieler Gegner der Parapsychologie, die – manchmal vom hohen Roß der »Wissenschaft« herab – ein für allemal verkünden und festlegen, was es nicht geben *kann*.

Gefährlich wird der kritiklose Umgang mit dem Okkulten dort, wo er Wahnvorstellungen bei seelisch kranken Menschen verstärkt oder auslöst. So kann der Besessenheitsglaube zum Verbrechen führen. 1978 wurden zwei katholische Priester in Aschaffenburg zu sechs Monaten Haft auf Bewährung verurteilt. Sie wollten einer 23jährigen Frau den Satan austreiben. Die völlig abgemagerte Frau starb nach zehn Monaten exorzistischer Sitzungen. 1988 stand in Konstanz eine 74jährige Exorzistin vor Gericht, die eine angeblich »Besessene« jahrelang grausam mißhandelt und schließlich getötet hatte. Hier spielten Wahnvorstellungen eine Rolle, bei denen es den Beteiligten nicht mehr möglich war, zwischen Realität und Einbildung zu unterscheiden. Jede Fähigkeit zur kritischen Distanz war verlorengegangen.

Auf der anderen Seite hat die »okkulte Welle« aber auch eine positive Seite: sie ermöglicht eine Zuwendung zu den irrationalen Aspekten der Welt, sie erlaubt, daß die aus unserem Alltag ausgesperrte und manchmal gewaltsam verdrängte hintergründige Wirklichkeit wieder zugelassen wird. Die Auseinandersetzung mit dieser Hintergrundswirklichkeit ist nicht gefahrlos. Noch gefährlicher aber ist letztendlich ihre Verleugnung, denn ein Leben ohne Tiefe bleibt sinnlos.

# 2. Der mystische Weg zum wahren Selbst

Zu Beginn dieses Kapitels möchte ich Ihnen einen Test vorschlagen: Fragen Sie denjenigen, der gerade in Ihrer Nähe ist oder den Nächstbesten, bei dem Sie es riskieren können, was er mit dem Begriff »Mystik« verbindet.
Es ist gut möglich, daß Sie diesen »Test« rasch bereuen werden. Denn es wirft unter Umständen kein gutes Licht auf Sie, daß Sie sich überhaupt mit etwas so »Mysteriösem« befassen. Mit Sicherheit wird kaum jemand in der Lage sein, Ihnen eine wirklich erhellende Antwort zu geben. Die verblüffendste Erklärung, die ich erhielt (von einem Juristen), lautete: »eine theologische Richtung für Verrückte«. Und dann kam natürlich der Name »Meister Eckhart«, den kennt fast jeder.
War Meister Eckhart – der mittelalterliche christliche Mystiker – ein Verrückter? Ist das heutige, immer weiter zunehmende Interesse an Mystik Phantasterei? Nicht nur heute, sondern schon seit alters her, hatte die Mystik etwas »Verrücktes« an sich, jedenfalls im eigentlichen Sinn des Wortes. Es gibt sie seit ewigen Zeiten und in allen Religionen und Kulturen; aber oft wurden ihre Vertreter mit äußerster Skepsis betrachtet. Gegen Meister Eckhart (1260-1327) wurde Anklage wegen Ketzerei erhoben. Der islamische Mystiker Halladsch wurde im Jahre 922 wegen ketzerischer Lehrmeinungen hingerichtet. Das Urteil lautete: sechshundert Peitschenhiebe. Wenn diese nicht zum Tode führten, sollte er Glied für Glied zerstückelt werden.
Vorsicht also vor zuviel »Mystik« – es existiert ein Spannungsverhältnis zwischen der Mystik und den offiziellen Vertretern von Kirche und Staat. In den sechziger Jahren kam in den USA unter Hippies und oppositionellen Studenten die Mode auf, sich mit Drogen (in erster Linie LSD) in mystische Zustände zu versetzen. Timothy Leary, der Hauptvertreter dieser soge-

nannten Drogenmystik, verlor daraufhin seinen Posten an der Harvard- Universität.
Auf der anderen Seite scheinen wahre Mystiker ein besonderes Maß an persönlicher Reife erreicht zu haben. Ausgeglichenheit, innerer Halt, Angstfreiheit und Objektivität – alles Eigenschaften, die man sonst nicht häufig antrifft, – sollen Persönlichkeitsmerkmale von Mystikern sein. Erfolgreich die mystischen Übungswege des Zazen oder Yoga zu praktizieren, wird von Kennern mit einer gelungenen Psychotherapie gleichgesetzt.
Mystik ist also beides – eine Erlebniswelt, die Distanz schafft und eine kritische Haltung fördert (deshalb kann es Konflikte zwischen Mystiker und Gesellschaft geben), aber auch eine Erfahrung, die in besonderem Maße dem persönlichen Wachstum dient, jedenfalls wenn man ernsthaft mit ihr umgeht.
Der Versuch zu erklären, was Mystik eigentlich ist, stellt vor ein fast unlösbares Problem, denn Mystik läßt sich nicht erklären, sondern nur erfahren. Auch Symphonien lassen sich nicht erklären oder definieren. Eine Symphonie muß man *hören*, dann weiß man – sofern man musikalisch ist –, um was es geht. Ähnlich bei der Liebe: es gibt keine Wörter oder gar Definitionen, die das Erlebnis der Liebe einfangen. Wie bei der Liebe ist es beim Thema Mystik: man muß voraussetzen, daß jemand irgendwo eine mystische Ader hat, dann versteht er intuitiv, was gemeint ist; andernfalls versteht er nichts und hält alles für lächerlich.
Ich möchte trotzdem einige Andeutungen wagen. Dabei ist es hilfreich, Alltagsmystik von höherer Mystik zu unterscheiden. Zunächst zur *Alltagsmystik*: Manche Menschen haben eine Art Naturtalent, auch ohne Meditationsübungen spontane Versenkungserlebnisse zu haben, in denen sich die Welt um sie herum verwandelt. Besonders häufig kommt dies bei Jugendlichen in der Pubertät vor. Der Psychiatrie-Professor Eckart Wiesenhütter verweist in diesem Zusammenhang auf das Erlebnis eines 13jährigen Jungen, der an einem Sonntagmorgen zwischen Kiefernwald und hoher Weinbergmauer entlang ging. Allmählich geht sein gedankenverlorenes Träumen in einen ganz außergewöhnlichen Zustand über, in dem sein Blick beginnt, »das In-

nere der Gegenstände zu durchdringen«. Die ganze Natur wird durchsichtig, als hätte sie die Maske abgeworfen: »Alles Dunkle, Tote, Materielle war verschwunden, und die Dinge offenbarten ihren ewigen Gehalt, als lebendiges Licht und Leben, das auch in mir war; es war ein und dasselbe Bewußtsein, ein und dieselbe Substanz in mir und in ihnen (...).«

Ein ähnliches mystisches Alltagserlebnis berichtet der Schweizer Arzt und Psychotherapeut Jürg Wunderli: »[Ich hatte] ... ausgerechnet im größten Menschengewirr des Zürcher Hauptbahnhofs ein merkwürdiges Erlebnis. Wer kennt nicht die düsteren Bahnhofshallen mit Hunderten, ja Tausenden von griesgrämigen Gesichtern, mit den eilenden, hastenden, aufgeregten, manchmal fluchenden und schreienden Menschen? Ich wartete auf einen Freund; sein Zug war eben mit einer Stunde Verspätung gemeldet worden. Ich beschloß, diese Stunde im Bahnhof zu warten und bummelte ziellos und absichtslos hin und her. Plötzlich erlebte ich eine unvergeßliche Verwandlung. Ich fühlte mich leicht und schwerelos wie eine Feder, und eine tiefe Glückseligkeit kam über mich. Das Erstaunlichste aber war, daß sich auch alle Gesichter der Bahnhofsmenschen verwandelt hatten; alle lachten mir in meinem Erleben entgegen, zufrieden, heiter und beseelt von einer inneren Ruhe. Ich erlebte mich als eins mit den vielen Menschen, als eine große, im Tiefsten harmonierende Familie. Nichts war mir fremd, alles sehr vertraut. Dennoch zerfloß ich nicht in der anonymen Masse, sondern blieb Individuum, absichtslos, aber hellwach wahrnehmend. Die Zeit allerdings stand still. Es gab einfach keine Zeit mehr, und so weiß ich nicht, ob der Zustand Minuten oder eine halbe Stunde dauerte. Jedenfalls hatte der Bahnhof wieder sein übliches Gesicht, kurz bevor mein Freund mit dem Zug ankam.«

Diese beiden Begebenheiten tragen typische Merkmale der erlebten Mystik und sie weisen, obgleich sie alltäglich sind, weit über den Alltag hinaus. Die Gegenstände, das Materielle, werden transparent. Der Betrachter verwandelt sich: er wird eins mit seiner Umgebung, mit den Dingen und Menschen. Eine große Ruhe, ein Glücksgefühl überkommt ihn, die Zeit steht

still. Die Welt hat ihre Maske abgenommen und zeigt sich als Harmonie: Ich bin die Welt und die Welt bin ich!
Diese alltägliche Mystik ist nach Auffassung des amerikanischen Psychologen Abraham Maslow (einer der Stammväter der New Age- Bewegung und Mitbegründer der Transpersonalen Psychologie) von großer Wichtigkeit für die Selbstverwirklichung. Maslow hat derartige »Gipfelerfahrungen« systematisch untersucht und ist der Auffassung, daß sie bei »selbstverwirklichten Menschen« (so nennt er Menschen, die einen hohen Grad an Reife erlangt haben) häufiger auftreten als bei anderen. Auch Stanislav Grof, der wichtigste Vertreter der Transpersonalen Psychologie, glaubt, daß ein wirklich gesunder Mensch einer im Grunde mystischen Weltauffassung zuneigt.
Wie sehen nun die Erlebnisse der *höheren Mystik* aus? In gewisser Weise sind sie nur eine Steigerungsform der alltäglichen. Psychologen und Philosophen haben versucht, Gemeinsamkeiten mystischer Erfahrungen zu finden. Sie sind dabei auf die verblüffende Einheitlichkeit mystischer Erlebnisse in allen Religionen zu allen Zeiten gestoßen.
Die erste Gemeinsamkeit ist die *Unaussprechbarkeit.* Mystiker finden keine Worte oder Begriffe, in denen sie ihre Erlebnisse beschreiben könnten. Viele Mystiker reden deshalb in Gleichnissen oder Symbolen. Im Buddhismus, besonders im Zen-Buddhismus, sind mystische Aussagen paradox. Die Sprache ist eine Widerspiegelung unserer Alltagswirklichkeit. Sie ist ursprünglich entstanden, um sich über die praktischen Belange im Überlebenskampf zu verständigen. Über den seelischen und transzendenten Hintergrund, in den der Mystiker vorstößt, kann die Sprache nicht angemessen berichten.
Die zweite Gemeinsamkeit aller mystischen Erfahrungen liegt im *Überschreiten von Raum und Zeit.* Der Mystiker hat das Gefühl, die für unser alltägliches Weltbild grundlegende Begrenzung von Raum und Zeit hinter sich zu lassen. Es wird verständlich, daß er unter diesen Bedingungen nichts mehr in Worte fassen kann. Denn jede gegenständliche Beschreibung haftet ja an Raum und Zeit.

Die dritte Gemeinsamkeit ist das Erlebnis der *Einheit*. Der Mystiker erfährt, daß die gewohnte Trennung zwischen ihm und den Objekten aufgehoben ist. Er löst sich nicht in den Objekten auf, aber er spürt, daß im Grunde »alles eins« ist. Die höchste Steigerungsform dieses Erlebnisses ist die Erfahrung der kosmischen Einheit, der »unio mystica«, der Einheit des Menschen mit Gott.
Die vierte gemeinsame Eigenschaft mystischer Erfahrungen ist das *Erlebnis der Heiligkeit*, verbunden mit einer tief empfundenen positiven Stimmung. Voller Ehrfurcht erfährt der Mystiker die Bedeutung, den Sinn, die Hintergründigkeit der Welt. Erstaunt erkennt er – um mit Goethes Faust zu sprechen –, »was die Welt im Innersten zusammenhält«. Dies erfüllt ihn mit Andacht.
Obgleich alle mystischen Erlebnisse sehr flüchtig sind, werden sie doch nicht als subjektiv erfahren. Wer sie hatte, ist von ihrer Objektivität vollständig überzeugt. Darüber hinaus führen mystische Erlebnisse zu einer tiefgreifenden persönlichen Verwandlung. Sie haben offenbar einen therapeutischen Wert. Mystik fördert die Integration der Persönlichkeit, schöpferische Kräfte werden geweckt, Verständnis, Toleranz und Liebe gesteigert. Auf der Grundlage einer positiven Einstellung erscheint das Leben reicher. Die Fähigkeit, sich für andere oder das Überleben der Schöpfung einzusetzen, nimmt zu. Die mystische Erfahrung hat auch Konsequenzen für eine bestimmte Weltauffassung, und dieses Weltbild der Mystiker ist von großer Einheitlichkeit. Christliche, jüdische, islamische und buddhistische Mystiker berichten von ähnlichen religiösen Grunderfahrungen und sehen deshalb die Welt und das Leben auch in ähnlicher Weise.

## Östliche Mystik – Die Kunst, sich selbst zu vergessen

Die Grunderfahrung östlicher Spiritualität kann exemplarisch am Gautama Buddha aufgezeigt werden. Er verkörpert die typische Gestalt eines Mystikers: »verrückt« und erleuchtet zugleich.

Gautama Buddha (der »Erleuchtete«, der »Erwachte«) wurde um 560 v.Chr. als Sohn eines glanzvollen orientalischen Adelshauses geboren. Lebensgenuß – so die Legende – und rauschende Feste waren für den jungen Prinzen etwas Selbstverständliches. Verheiratet und Vater eines Sohnes, empfand er doch schließlich Unbehagen an seinem äußerlichen Glück. Er begab sich deshalb auf die Suche.

In »vier Ausfahrten« schaute Buddha der Wirklichkeit des Lebens ins Auge und wurde dadurch aufgerüttelt. Bei der ersten Fahrt begegnete er einem Kranken, bei der zweiten Ausfahrt einem Alten, bei der dritten sah er eine Leiche. Der junge Prinz, der nur den Glanz des fürstlichen Lebens kannte, war erstaunt und beunruhigt. Die Konfrontation mit den Grenzsituationen des Lebens weckte ihn auf. Aber erst die Begegnung mit dem Asketen während der vierten Ausfahrt, einem Asketen, der heiteren Gemüts mit seiner Bettelschale des Weges ging, bewirkte die große Wandlung in Buddhas Leben. Buddha nahm in der Nacht Abschied von Weib und Kind, kleidete sich in das gelbe Gewand der Mönche und ging – wie die Texte berichten – »aus der Heimat in die Heimatlosigkeit«.

Aber auch jetzt war sein Weg noch nicht zu Ende. Denn zunächst neigte er zur radikalen Übertreibung seines Heilsverlangens. Er widmete sich asketischen Übungen, bis er zum Skelett abmagerte und sich am Rand des Todes befand. Dann aber erkannte er, daß auch die radikale Askese Ausdruck der Lebensgier ist: Genuß und radikale Verneinung sind zwei Seiten ein und derselben Medaille. Also wählte er einen »mittleren Weg«, der ihn schließlich nach sieben Jahren geduldigen Bemühens zur Erleuchtung führte.

Dieser Bericht basiert nicht auf historischen Fakten, es handelt sich um eine Legende. Aber ihre philosophische und psychologische Wahrheit ist deutlich: Durch die Unruhe, die die Begegnung mit Krankheit, Alter und Tod auslöst, kommen wir zum Entschluß, uns zu verändern. Aber nicht der Radikalismus des totalen Nein oder der Versuch, uns mit aller Gewalt in einen Heiligen zu verwandeln, führt zur Selbstverwirklichung, sondern der »mittlere Weg«. Auch dieser Weg verlangt die Abkehr von der vordergründigen Welt des Alltags, aber er führt eher zu einer inneren Wandlung als zu einer äußeren Rebellion.

Immer schon, auch zu Buddhas Zeiten, war in Indien der Entschluß, der Welt den Rücken zu kehren, nichts Ungewöhnliches. Ungewöhnlich war nur, daß daraus eine neue Religion entstand. Auch heute noch entschließen sich viele Hindus, »Sannyasins« zu werden, Asketen, die sich einzig Gott anvertrauen. Nur mit Tüchern bekleidet und vom Betteln lebend, zieht sich der Sannyasin in eine Höhle zurück oder findet Obdach in der Nähe eines Tempels.

Welche Gedankenwelt steht hinter dem Entschluß, sich so entschieden vom Irdischen zu lösen? Bereits die ältesten religiösen Bücher der Inder, die Upanishaden, lehren, daß die Welt nur eine Art Wahnvorstellung, eine Illusion sei. Hinter dieser Illusion existiere aber eine tiefere Wirklichkeit, zu der der Mensch durch bestimmte Übungen Zugang finden kann, zum Beispiel durch Yoga. Im Unterschied zum Christentum, bei dem es mehr auf den Glauben an bestimmte Lehrsätze ankommt, suchen Hindus und Buddhisten nach einer ganz persönlichen Erfahrung im Umgang mit der Transzendenz. Der Gipfelpunkt dieser Erfahrung ist die »Erleuchtung«, – ein mystisches Erlebnis. »Samadhi« nennen die Hindus diesen Zustand, den allerdings nur wenige erreichen.

Die für die östlichen Religionen so typische persönliche Erfahrung im Umgang mit Transzendenz findet ihren gedanklichen Ausdruck in der auf die Upanishaden zurückgehenden Lehre von »Brahman« und »Atman«. Brahman ist der Weltgrund, der Ursprung alles Seins, das Göttliche. Atman ist das innerste Wesen der menschlichen Persönlichkeit, die Seele des einzelnen, das

Selbst. Wer die Erleuchtung erfahren hat, erkennt, daß er im Grunde mit dem Brahman eins ist. Denn Atman, die eigene Seele, ist ursprünglich aus dem Brahman hervorgegangen.
Die Einzelseelen sind wie die winzigen Fünklein, die aus einem Feuer emporschweben. Sie sind von der gleichen Art wie das Feuer. Ziel allen Strebens ist die endgültige Wiedervereinigung von Funke und Feuer, von Atman und Brahman. Wie das Salzkorn sich im Ozean auflöst und mit dem Ganzen untrennbar vereinigt, so wird dann auch die Einheit von Atman und Brahman sein. Deshalb kann der indische Mystiker sagen: »Atman ist Brahman«, »Das Herz ist das höchste Brahman«, »Ich bin Brahman«.
Aber nicht nur das: Der Sannyasin erkennt auch, daß die Welt, die Natur, der Kosmos eine Einheit mit dem Brahman bilden. Wie das Wasser, in das ein Stück Salz gelegt wird, in jedem Tropfen salzig wird, so ist die Welt in allen Teilen göttlich.
Für uns Christen schwerer verständlich ist der in den östlichen Religionen häufig unpersönliche Charakter des Weltgrunds. Was die Christen »Gott«, die Mohammedaner »Allah«, die Juden »Jahwe« nennen, ist in den Upanishaden der Inder das gestaltlose »Brahman«. Die Buddhisten gehen hier am weitesten: Das buddhistische Jenseits (»Nirwana«) ist eine Art »Nichts«; deshalb ist der Buddhismus eine Religion ohne Gott.

## Gurus und heilige Männer

Während der Westen begabte Naturwissenschaftler, Ingenieure und Eroberer hervorbrachte, verdanken wir Indien berühmte Mystiker. Wenige waren wie Mahatma Gandhi politisch engagiert. Sie lebten für eine Wahrheit, die ihnen wichtiger erschien als politischer Aktivismus. Es waren Männer der Kontemplation, religiöse Genies, die nicht nur über das Göttliche nachdachten, sondern durch Erfahrung, Erlebnis und Erleuchtung mit ihm verbunden waren. Eine starke Kraft ging von ihnen aus. Viele, die ihnen begegneten, veränderten ihr Leben, und bis heute ist ihr Einfluß in Indien, aber auch im Westen spürbar.

In neuerer Zeit war Ramakrishna (1836-1886) vielleicht der wichtigste von ihnen. Er prägte den modernen Hinduismus und beeinflußte viele noch heute existierende Strömungen. Ramakrishna lebte als Priester im Tempel der Göttin Kali (der »großen Mutter«) zu Dakshinesvar (Indien). Eines Tages erschien ein Sannyasin bei ihm, der ihn aufforderte, alle Gottesvorstellungen fallen zu lassen, um sich einzig der Versenkung in das gestaltlose Brahman zu widmen. Daraufhin vollzog Ramakrishna unter Anleitung des Asketen das für einen indischen Mystiker typische Ritual. Er warf die Zeichen seiner geistlichen Würde und seiner Kastenzugehörigkeit ins Feuer und beging, völlig entkleidet, sein Leichenbegängnis: »Meinem Vater, meiner Mutter, meinem Weibe entsage ich. Namen und Stellung entsage ich.«
Ramakrishnas Wandlung von einem Kali-Anbeter zu einem asketischen Verehrer des gestaltlosen Absoluten hatte auch Bedeutung für seine Lehre. Das Absolute hat keinen Namen und kann durch festgelegte Gottesvorstellungen nicht eingefangen werden. Deshalb verkündete Ramakrishna Toleranz gegenüber allen Religionen. Zeitweilig lebte er als Christ, dann wieder als Mohammedaner. »Es ist nur *eine* Flamme«, sagte er zur Wahrheit der Religionen, »der Menschen Augen aber sehen sie in verschiedenen Farben«.
Gerade unter modernen westlichen Menschen entfaltete diese Form einer toleranten Frömmigkeit eine große Wirkung. Ramakrishnas Schüler Swami Vivekananda (1863-1902) gründete die heute noch (schwerpunktmäßig in den USA) tätige Ramakrishna-Mission. Stark von Ramakrishna beeinflußt war auch der Inder Sri Aurobindo (1872-1950). Auf Reisen in den Westen propagierte er den Gedanken einer toleranten Universalreligion und verband ihn mit der modernen Fortschritts- und Evolutionstheorie: Im gesamten Universum vollziehe sich der allmähliche Aufstieg der Materie zu höchsten Formen des Bewußtseins. Diese Bewußtseinsevolution sei mit dem heutigen Menschen noch nicht abgeschlossen. Die Evolution dränge auf eine den Menschen noch überschreitende Stufe: das »Supramentale«.
Aurobindos Gedanken erinnern verblüffend an die Theologie des katholischen Denkers und Naturforschers Pierre Teilhard

de Chardin (1889-1955), aber auch an die Theorien der New Age-Bewegung. Auch bei einer Reihe von hinduistischen Gruppen, die im Westen aktiv geworden sind, ist Aurobindos Einfluß spürbar.
Hinduistische Frömmigkeit ist für viele im Westen heute attraktiv. Nicht immer ist allerdings gewährleistet, daß die Meister und Gurus von der gleichen Integrität sind wie Ramakrishna oder Sri Aurobindo. Zur Zeit von Bedeutung sind etwa die Meditationsbewegungen um den in New York lebenden Sri Chinmoy, die »Sidda-Yoga-Zentren«, die »Ananda Marga-Bewegung« und nicht zuletzt der 1990 verstorbene Bhagwan (Osho Rajneesh) und seine Anhängerschaft.
Neben dem Hinduismus hat der Buddhismus, besonders in seiner japanischen Variante als Zen-Buddhismus, große Wirkung im Westen entfaltet. Seit den zwanziger Jahren war er mit dem Namen des großen japanischen Zen-Meisters Daisetz Teitaro Suzuki (1870-1966) verbunden, dessen Bücher die Welt des Zen für das westliche Verständnis erschlossen haben. In den USA waren zen-buddhistisches Denken und Zazen (die zugehörige Meditationsform) beliebt in der jugendlichen Protestbewegung der Hippies während der sechziger Jahre. In Deutschland beeinflußte der Zen-Buddhismus eine Reihe von Meditationszentren. Auf Pater Enomiya-Lassalles »christlichen Zen« und Karlfried Graf Dürckheim, dessen »Initiatische Therapie« wesentliche Elemente des Zen übernommen hat, werden wir noch zu sprechen kommen.

## Christliche Mystik – Gott als ein »Nichts« erfahren

Die Mystik verbindet alle Religionen, denn von mystischen Erfahrungen haben sie alle zu berichten. Das Weltbild der östlichen Mystiker hat daher seine Entsprechung in der Mystik des Christentums. Hier waren es vor allem Frauen, die in einer ganz von Männern dominierten Kirche zum ersten Mal den Gesichtspunkt der weiblichen Spiritualität einbrachten. »Beginen« nannte man im Mittelalter diese Mystikerinnen abwertend – ein Ausdruck, der an die »Albigenser«, eine Ketzergemeinschaft, erinnern sollte. Die Beginen formierten sich zu einer der ersten großen Frauenbewegungen. Nur ungern von der offiziellen Kirche geduldet, lebten sie außerhalb der Klöster in geistlichen Gemeinschaften. Auf der Grundlage einer inbrünstigen mystischen Frömmigkeit befolgten sie das Armutsideal und wandten sich sozialen Aufgaben zu.

Eine große Vorläuferin dieser sich über Europa ausbreitenden Massenbewegung war Hildegard von Bingen (1098-1179), die in ihren Visionen zum ersten Mal Gott als die große Mutter erblickte. So wurde sie zur frühesten Vertreterin einer »feministischen Theologie«, durch die gegenwärtig die einseitig patriarchalische Ausrichtung des Christentums korrigiert werden soll.

Nicht nur dieser feministische Zug der christlichen Mystik, die mystische Erfahrung überhaupt, kann als Gegenbewegung gegen die Überspitzungen der christlichen Theologie gesehen werden. Die Theologen dachten streng »dualistisch«: sie trennten scharf zwischen der Welt auf der einen und dem persönlichen Vatergott auf der anderen Seite. Dieser Gott erhielt mitunter allzu menschliche Züge und wurde so zu einem bedrohlichen Diktator, der die Gläubigen in Furcht und Schrecken versetzte. Mystikerinnen und Mystiker dagegen erfuhren in ihren Visionen die unendliche Liebe Gottes, und sie entdeckten, daß es eine dualistische Trennung zwischen Gott und der Welt nicht gebe, daß Gott sich in allen Dingen, in der Natur und insbesondere in der Seele des Menschen befinde. Deshalb sei

es möglich, ihn durch Kontemplation und mystische Versenkung im eigenen Inneren zu erleben.
So bewegten sich die Mystiker immer am Rande der Ketzerei. Die Theologen entwickelten scholastische Gedankensysteme, in denen mit großer Geistesschärfe intellektuelle Unterscheidungen vorgenommen wurden. Vermittels dieser Dogmatik konnten Ketzer aufgespürt und mit dem Aufkommen der Inquisition verfolgt und getötet werden. Die Mystiker aber gingen vom Erlebnis der Einheit und Liebe aus, das sie in der Kontemplation erfuhren. Sie waren überzeugt, daß über die tiefere Wahrheit Gottes eigentlich geschwiegen werden müsse, daß Gott für uns Menschen durch theologische Gedankenakrobatik nicht eingefangen werden kann, sondern ein namenloses »Nichts« bleibt.
So dichtete der christliche Mystiker Angelus Silesius (1624-1677):

> Gott ist ein lauter Nichts,
> ihn rührt kein nun noch hier;
> je mehr du nach ihm greifst,
> je mehr entschwind er dir.

Oder Meister Eckhart in der typisch »dunklen« Formulierung des Mystikers:

> Wenn du Gott liebst, wie er Gott ist, wie er Geist ist, wie er Person ist, wie er Bild ist, – es muß alles weg (...). Du sollst ihn lieben, wie er ist: ein Nichtgott, ein Nichtgeist, eine Nichtperson, ein Nichtbild; mehr noch: wie er ein lauteres, reines, klares Eines ist, gesondert von aller Zweiheit, und in diesem Einen sollen wir ewiglich versinken von Nichts zu Nichts.

Dieser unerkennbare, verborgene Gott – die Mohammedaner verbieten seine bildliche Darstellung, um seine Unerkennbarkeit zu respektieren – kann aber *erfahren* werden, wenn der Mensch die Umkehr vollzieht, so wie der junge Buddha, der dem Leben an seinem Adelshof den Rücken kehrte. Der Mensch muß die Welt und sein Ego loslassen. Er muß – so drückt es Meister Eckhart aus – sich abkehren »von sich selbst und allen geschaffenen Dingen«, besonders aber von sich selbst, denn »ließe ein Mensch (...) alle Welt und behielte sich selber, so hätte er nichts gelassen«. Der Mensch muß den »Ich-Tod« sterben, erst dann wird er frei für die Mystik. Diese »Abgeschiedenheit« von allem Vordergründigen ermöglicht es dem Menschen, »das Fünklein der Seele« zu entdecken, das Fünklein, das sich in der Kontemplation in ein mächtiges Licht verwandelt, das Licht Gottes. Denn da »Gott verborgen liegt in dem Grunde der Seele«, führen uns Umkehr und Kontemplation zu ihm. Die »unio mystica«, die erlebte Vereinigung mit Gott, läßt den Mystiker ausrufen: »Hier ist Gottes Grund mein Grund, und mein Grund Gottes Grund.« – »Gott und ich, wir sind eins.« In den indischen Upanishaden heißt es entsprechend: »Ich bin Brahman« oder: »Atman ist Brahman.« Einer der großen islamischen Mystiker (Halladsch) ruft aus: »Ich bin Er!«.

## Wo Christen Mystik neu beleben

Menschen, die heute nach den Quellen persönlicher Gotteserfahrung suchen, finden auch im Christentum Wege: das Beten oder die Meditation. Bis etwa zum 16. Jahrhundert war das mystische (gegenstandslose) Beten eine häufig geübte Praxis im Christentum. Darunter verstand man ein äußeres und inneres Schweigen. Aus dem 14. Jahrhundert stammt die heute noch angewandte Meditationsanleitung »Wolke des Nichtwissens« von einem unbekannten englischen Mystiker.

Zunehmend wurde die mystische und meditative Praxis aber aus den Kirchen herausgedrängt. Die Mystik geriet als ketzerisch in Verruf. Die grundsätzlich tolerante Haltung des Mystikers und seine aus dogmatischer Sicht kaum mehr kontrollierbare persönliche Erfahrungswelt war den Kirchen ein Dorn im Auge.

Erst heute beginnt eine spürbare Wiederbelebung mystischer und meditativer Praxis in beiden großen Konfessionen. Ganz

deutlich macht sich dabei die Herausforderung und der Einfluß der östlichen Spiritualität bemerkbar.
Wie man östliche und westliche Spiritualität verbinden kann, zeigt etwa das Beispiel Hugo M. Enomiya-Lassalles. Er kam als Jesuitenpater und Missionar nach Tokio, wurde dort Zen-Meister und ist seitdem der wichtigste Vertreter eines »christlichen Zen« in Deutschland.
Einen ähnlichen Weg ging der englische Benediktiner-Priester Bede Griffiths. Er ist der Leiter des Shantivanam-Ashrams im südindischen Bundesstaat Kerala und erzählt: »Unser Leben basiert auf der Ordensregel des hl. Benedikt, wir folgen aber den Traditionen und Gebräuchen eines Hindu-Ashrams und tragen den ›kavi‹, das safranfarbene Gewand eines hinduistischen Sannyasin. Neben Psalmengebet und Schriftlesung pflegen wir Sanskrit-Gesänge und lesen aus anderen Schriften. Wir folgen der Yoga-Meditations-Methode und verwenden das ›Jesus-Gebet‹ als Mantra.«
Unterdessen gibt es auch in der Bundesrepublik in beiden Konfessionen eine Reihe von Meditationszentren, die sich die Wiederbelebung eines mystischen Erfahrungsweges zum Ziel gesetzt haben. Eines davon ist das Haus St. Benedikt in Würzburg. In diesem alten Kloster unterweist der Benediktiner-Pater Willigis Jäger in christlicher Kontemplation. Auch Willigis Jäger ist vom Osten, vom Zen-Buddhismus, beeinflußt. Er lehrt, daß alle Religionen aus dem mystischen Grunderlebnis entstanden sind. »In allen Religionen wird die gleiche letzte Wirklichkeit erfahren.« Durch die christliche Kontemplation – eine Versenkungstechnik, die über das gesprochene Gebet, aber auch die betrachtende Meditation hinausgeht – wird der bildlose, ungegenständliche und nicht mehr mitteilbare Urgrund erfahren, die Einheit mit Gott.

## Islamische Mystik – Vertrauen und Liebe im Hier und Jetzt

Auch die Mystik des Islam (der Sufismus) wurde von den offiziellen Vertretern der orthodoxen Lehrmeinungen oft nur ungern geduldet. Für den Ausruf »Ich bin Er!« wurde der Mystiker Halladsch im Jahre 922 als Ketzer hingerichtet. Dem lag das typische kirchliche Mißverständnis zugrunde, es seien die sprachlich abgefaßten Glaubenssätze von wesentlicher Bedeutung für das religiöse Erlebnis. Kein Mystiker käme auf die Idee, sich mit Gott gleichzusetzen. Solche Anmaßungen kommen vor, aber sie sind ein Zeichen von Größenwahn. Auch die islamischen Mystiker wußten, daß jede sprachliche Aussage nur das Vordergründige trifft und schon deshalb die wirkliche Gotteserfahrung überhaupt nicht erfassen kann. Nur die kirchlichen Institutionen haben Interesse daran, religiöse Erfahrungen sprachlich festzulegen, obwohl das – zumindest in der Form von verbindlichen Dogmen und Lehrsätzen – letztendlich unmöglich ist. Häufig ging es den Kirchen um Machterhaltung und nicht so sehr um den lebendigen Glauben. Zur Aufrechterhaltung einer mächtigen Organisation benötigt man eben auch eine Ideologie, aber Ideologie hat wenig mit den Erfahrungen der Mystiker zu tun.

Gerade der Islam ist eine recht strenge Religion, die großes Gewicht auf die Einhaltung der Vorschriften und religiösen Gesetze legt. Im Gegensatz dazu sind die islamischen Mystiker, die »Sufis«, der Auffassung, daß ein wahrhaft erleuchteter Mensch über allen Gesetzen steht, selbst über der Verpflichtung zur Pilgerfahrt. »Aller Augen wenden sich der Kaaba zu«, sagt ein sufistischer Vers, »die unseren aber zum Antlitz des Vielgeliebten«. Der »Vielgeliebte« ist Allah, denn im Mittelpunkt der sufistischen Mystik steht die Liebe zu Gott.

Doch auch mit dieser Gottesliebe, die die Sufis in mystischer Verzückung erleben, stießen sie oft auf den Widerstand der Orthodoxie. Der Islam ist wie kein anderes Bekenntnis eine Religion der Gottesfurcht. Allah ist der allem Menschlichen weit überlegene Schöpfer und der fromme Mohammedaner sein demütiger Knecht. Wie kann da eine Liebe zwischen Gott und dem Menschen möglich sein? »Gewöhnliche Menschen«, antwortet ein Sufi, »lieben Gott seiner Wohltaten wegen. Deshalb nimmt ihre Liebe zu und nimmt ab – je nachdem, wie Gott sie behandelt. Die Auserwählten lieben Gott für das, was Er ist und wegen all seiner vollkommenen Eigenschaften. Sie können niemals aufhören zu lieben, auch dann nicht, wenn Er ihnen alle seine Wohltaten entzieht.«

Doch auch bei den Sufis ist der islamische Gedanke des Gehorsams gegenüber Gott lebendig. Voll Vertrauen unterwerfen sie sich der göttlichen Allmacht. Ein Sufi lebt nicht in der dauernden Sorge um das, was morgen sein wird. Legenden der Sufis sind voll von Erzählungen von Heiligen, die in wilder Wüste ohne Wegzehrung und ohne Wasser unterwegs waren. Ein Sufi-Meister sagt: »Gott legt dir nicht auf, die Arbeit von morgen schon heute auszuführen. Sei du dann nicht so unbillig, daß du von Ihm den Unterhalt des morgigen Tages begehrst.«

Wie viele Menschen ringen heute darum, endlich ganz im »Hier und Jetzt« zu leben? Könnte ihnen nicht der Rat der Sufis dabei helfen?

## Tanz und heilige Ekstase

Das Wort »suf« bedeutet wörtlich »wollen« und geht auf das einfache Wollgewand zurück, das die islamischen Mystiker tragen. Am Anfang des mystischen Weges steht auch bei ihnen die Umkehr und Wandlung und der Verzicht auf liebgewordene Gewohnheiten. Der sufistische Heilige und Dichter Abu Said ibn Abi'l-Chayr (967- 1049) schätzte als junger Mann die weltliche Literatur hoch ein. Er behauptete, dreißigtausend Verse vorislamischer Dichtung auswendig gelernt zu haben. Eines Tages hörte er den Vortrag eines weisen Mannes, der sich als Text den neunten Vers der sechsten Sure des Koran gewählt hatte: »Sage Allah! und überlasse sie ihrem eitlen Geschwätz.« Dieser Vers bewirkte bei ihm die Wandlung. Er trug seine Bücher zusammen und übergab sie den Flammen. »Der erste Schritt zum Sufismus«, lehrte er später, »besteht im Zerbrechen von Tintenfässern, im Zerreißen von Büchern, im Vergessen jeglichen Wissens«. Er zog sich in eine Nische seiner Hauskapelle zurück. »Dort saß ich sieben Jahre und sprach beständig ›Allah! Allah! Allah!‹«

Die Wiederholung des göttlichen Namens, die Wiederholung eines Gebetes, eines heiligen Wortes oder (im Zen-Buddhismus) auch einer Rätselfrage, gehört zur uralten Technik aller Mystiker. Nur durch die Wiederholung wird der Geist diszipliniert und öffnet sich neuen Dimensionen. Wer über das »Gebetsmühlenhafte« dieser Technik lächelt, zeigt, daß er den Sinn dieser Art der Anbetung nicht verstanden hat.

Auf der Technik der Wiederholung beruht auch der berühmte Tanz der Derwische, einer sufistischen Ordensgemeinschaft, die auf den islamischen Mystiker und Dichter Maulana Rumi (1207-1273) zurückgeht. Seit alters her gehört der Tanz zu den wichtigsten Kulthandlungen der meisten Religionen. Bei den Naturvölkern hat er magische Bedeutung: als Trance-Tanz der Schamanen zur Sammlung von Kraft bei Heilritualen oder als Abwehrzauber. In der jüdischen Mystik (dem Chassidismus) ist der Tanz Ausdruck der Freude, sein Ziel ist die Vereinigung mit Gott. Die tanzenden Derwische versammeln sich auch heute noch einmal jährlich im Dezember im anatolischen Konya, wo Rumi und seine Familie begraben sind. Die Gottestänzer tragen hohe Mützen, die ihren Grabstein symbolisieren, einen schwarzen Mantel, der das Grab bedeutet, und darunter ein weißes Tanzgewand: ihr Leichenhemd. Der »Ich-Tod« wird damit angedeutet.

Der rituelle Tanz wird von Flötenspielern, Trommlern und Sängern begleitet. Ein Rezitator singt mit gehobener Stimme das Loblied auf den Propheten. Nachdem sie die Mäntel abgelegt haben, breiten die Derwische ihre Arme aus und beginnen langsam nacheinander den heiligen kosmischen Reigen. Ihre rechte Hand ist nach oben hin geöffnet, während die linke nach unten weist: Dies symbolisiert die Aufnahme der göttlichen Gnade und ihre Weitergabe an die Welt. Langsam steigert sich der Tanz zu einem immer schnelleren Wirbel, Drehung folgt auf Drehung in unendlicher Wiederholung. Die rasche Drehung,

der Ton der Flöten und Trommeln und die Rezitationen des Sprechers versetzen die Derwische in eine Trance von außerordentlicher Intensität.
Indische Derwische sind in einer so erzeugten Trance völlig schmerzunempfindlich. Sie stechen sich spitze Eisen durch die Backen oder durch den Mundboden, ohne daß es zu Blutungen kommt. Die Trance ist ein Bewußtseinszustand, der von unserer normalen Verfassung grundverschieden ist und uns offenbar mit einer Wirklichkeit verbindet, die außerhalb der bekannten Naturgesetze steht. Wir »verkopften« Mitteleuropäer haben allerdings große Mühe, einen solchen Zustand zu erreichen.
Sowohl der Tanz der Derwische wie auch die Anrufung Gottes (das sogenannte Zhikr) werden heute auch bei uns ausgeübt. »Zhikr« bedeutet eigentlich »Gedenken«, Rückerinnerung an Gott. Es besteht in der wiederholten Rezitation der »schönsten Namen Gottes« in Verbindung mit bewußtem Atmen und Körperübungen. Zhikr und Derwisch-Tanz sind Meditationen der Freude. Im Gegensatz zur schweigenden Versenkung des Yogi oder des Zen-Buddhisten führen sie – obwohl sie letztlich das gleiche Ziel anstreben – ekstatische Zustände herbei. Die Liebe des Sufi zu Gott wird fühlbar und erfahrbar. Sufi-Gruppen gibt es in fast allen großen Städten der Bundesrepublik.

## Schamanenmystik – Durch Tod und Wiedergeburt Kontakt mit dem Jenseits

Kinalik, eine junge Eskimofrau, wurde von Angehörigen ihres Stammes an Zeltpfählen, die man in den Schnee gesteckt hatte, fünf Tage lang aufgehängt. Es war mitten im Winter, grimmige Kälte herrschte, manchmal kamen Schneestürme. Dann wurde sie in ein Zelt gebracht. Dort schoß jemand auf sie mit einem Gewehr, in das anstatt einer Kugel ein Stein gesteckt worden war. Kinalik fiel bewußtlos zu Boden und erwachte erst am nächsten Morgen.
Der Polarforscher Knud Rasmussen berichtet dieses Beispiel

für die Initiation einer Eskimo-Schamanin. Schamanen sind die Vermittler zur jenseitigen Welt. Ihre Erweckung zu dieser Aufgabe geschieht durch die Initiation, die manchmal für unsere Begriffe recht grausame Formen annehmen kann. Von einem Schamanen wird erwartet, daß er durch die Pforten des Todes gegangen ist, damit er seiner überweltlichen Aufgabe gerecht wird.

Als die ersten europäischen Forschungsreisenden bei Naturvölkern auf derartige Rituale und Kulte stießen, hielten sie diese oft für den Ausdruck einer primitiven Geistesverfassung und von Götzenkult. Sie mobilisierten schnellstens die christlichen Missionare, die sich alle Mühe gaben, die Eingeborenen mit den Grundlagen des »wahren Glaubens« bekannt zu machen und sie zu »zivilisieren«.

Heute beurteilen wir Lebensformen, Weltbild und Kulte von Naturvölkern weit weniger arrogant. Denn daß unsere »Zivilisation« nicht etwa den Gipfelpunkt menschlicher Möglichkeiten darstellt, haben wir unterdessen dazugelernt. Die angeblich so rückständigen Naturvölker oder ihre Nachfahren, die sich auf ihr spirituelles Erbe besinnen, sind uns in mancher Hinsicht weit voraus. So verfügen sie über eine eindrucksvolle Philosophie, die ihnen offenbar eine bessere Anpassung an ihre Umwelt ermöglicht, und über mystische Ekstasetechniken, die ebenso wirksam sind wie etwa die Methoden der indischen Yogis. Die Weltbilder von Naturvölkern ähneln sich in vieler Hinsicht. Gut erforscht wurde die Gedankenwelt der Indianer, für die gegenwärtig ein breites Interesse besteht. Was die Indianer uns zu sagen haben, klingt hochaktuell und beherzigenswert.

»Es ist das Dilemma der materialistischen Welt oder der Welt des Nicht-Indianers,« – so der heute lebende Sioux-Medizinmann Archie Fire Lame Deer – »daß ihr alle Ehrerbietung für die Mutter Erde vergessen habt«. Im Gegensatz zu den Menschen der Industriegesellschaft sieht die Tradition der Naturvölker den Kosmos als ein großes Lebewesen an, das – so die indianische Vorstellung – vom »Großen Geist« beseelt wird. Steine, Pflanzen, Bäume, Gewässer, zwei- und vierbeinige, schwimmende und kriechende Tiere – alles ist belebt und Teil des großen Makrokosmos. Deshalb sollen wir wieder erkennen – so mahnt uns Lame Deer –, »daß unsere Mutter Erde wahrhaftig ein heiliges Wesen ist, daß alle erschaffenen Dinge dieser Welt heilig sind und nicht mißbraucht werden dürfen, und daß wir miteinander teilen und großzügig sein müssen«.

Naturvölker kennen zahlreiche Techniken, sich mit dem Jenseits in Verbindung zu setzen. Mit Ritualen, Gebeten, Tänzen, mit Trommeln oder auch durch Essen berauschender Pilze und Kräuter versetzen sie sich in Ekstase. Bekannt ist die mystische Visionssuche nordamerikanischer Indianerstämme. Junge Leute finden dadurch Leitideen für ihr Leben, etwa einen symbolischen Namen oder einen Schutzgeist. Nach ausführlichen Reinigungsriten, zum Beispiel in der Schwitzhütte oder durch Fasten, ziehen sie sich in die Wildnis zurück. Manche – so berichtet der Anthropologe Claude Lévi-Strauss – begeben sich auf ein Floß und harren dort ohne Nahrung aus, andere nehmen Brechmittel, stürzen sich in eisige Bäder und verletzen sich durch spitze Stöcke, die sie sich unter den Rückenmuskel bohren und an denen Gewichte befestigt sind, die sie nachschleppen. Wieder andere reißen sich alle Körperhaare aus oder erschöpfen sich durch nutzlose Arbeit: zum Beispiel sammeln sie alle Nadeln einer Tanne, bis keine mehr am Baum zurückbleibt. Schließlich kommt der Geist über sie, und sie nehmen Kontakt mit jenseitigen Mächten auf.

Solche kultischen Handlungen haben kathartische Wirkungen. Katharsis, die Reinigung, ist seit alters her ein wichtiger Durchgang zu mystischer Erfahrung. Verbunden ist die Katharsis mit dem Erlebnis von Tod und Wiedergeburt: nur wer in die Unterwelt gereist ist, um dort vernichtet zu werden, kann wie der Phönix aus der Asche zu neuem Leben wiedererwachen.

An der Berufung zum Schamanen wird dies besonders deutlich. Schamanen heilen Krankheiten, sie sind der Mittelpunkt religiöser Feste, bei Geburt und Tod sind sie unentbehrlich. Ohne seinen Schamanen verliert ein Stamm den Kontakt zur Geisterwelt, denn der Schamane ist ein Doppelwesen: er lebt im Diesseits und Jenseits zugleich.

Der zum Schamanismus Berufene macht zunächst eine Zeit

qualvoller seelischer und körperlicher Leiden durch. Sibirische Schamanen liegen viele Tage lang fast leblos an einem einsamen Ort. Sie sprechen mit niemandem und nehmen auch keine Nahrung zu sich. Mancher wäre schon beinahe begraben worden. Wenn sie zur Stammesgesellschaft zurückkehren, berichten sie von Höllenfahrten und von der Zerstückelung ihres Leibes durch die Geister der Unterwelt. Dann aber sei ihr Körper neu zusammengesetzt worden. Es folgte die Auferstehung und Wiedergeburt in ein neues Leben. Man sagt den Schamanen erstaunliche Heilungskräfte nach. Die auf den Philippinen oder in Brasilien ausgeübte Geist-Chirurgie ist im Grunde ein schamanistisches Heilritual (vgl. S. 100 ff.).

## Indianerschamanen heute

Schamanismus und indianische Weltanschauung erhielten große Verbreitung durch die Bücher von Carlos Castaneda, die in viele Sprachen übersetzt wurden und weltweit Hunderttausende von Lesern fanden. Auf einer Reise nach Nordmexiko will der Peruaner Castaneda Anfang der sechziger Jahre für eine anthropologische Doktorarbeit Material sammeln. An einer Bushaltestelle trifft er dabei unerwartet auf einen alten Indianer namens Don Juan. Don Juan ist jedoch kein gewöhnlicher Indianer, sondern ein Schamane des Yaqui-Stammes. Er nimmt Castaneda bei sich auf und führt ihn in die Lehren und Techniken des Schamanismus ein. Insbesondere erfährt Castaneda dabei den Unterschied von »Tonal« und »Nagual«. Tonal ist die alltägliche, den normalen Sinnen zugängliche dreidimensionale Wirklichkeit, das Nagual ist die »andere Wirklichkeit« der Schamanen.
Um diese andere Wirklichkeit zu erschließen, verwendet auch der Schamane Don Juan Pilze, die seit Jahrtausenden bei Naturvölkern in Gebrauch sind, um sich in einen heiligen Rausch zu versetzen. Indianer nennen diese Pilze das »Fleisch der Götter«. Die 1914 gegründete »Native American Church«, eine Sekte der nordamerikanischen Indianer, ißt heute noch den rauscherzeugenden Peyote-Kaktus während der Abendmahlsfeier.

Als das Interesse an östlichen Meditationstechniken und den ekstatischen Erfahrungen der Naturvölker erwachte, war es kein Wunder, daß der Gebrauch von Drogen auch außerhalb der Stammeskulturen sich verbreitete. Unter amerikanischen Intellektuellen und den Hippies fand in den sechziger Jahren die Droge als Hilfe zur Bewußtseinserweiterung große Verbreitung. Der Schriftsteller Aldous Huxley versuchte, den Zen-Buddhismus mit der Droge zu verbinden. Der Dozent Timothy Leary erzeugte in wissenschaftlichen Experimenten unter Drogeneinfluß mystische Erlebnisse und wurde als Vater der »psychedelischen« Bewegung bekannt, die mit Hilfe von Drogen die kreativen Kräfte des Unbewußten mobilisieren wollte.
Erneuten Auftrieb erhielt die Drogenmystik, als die durch den Pharmazeuten Dr. Albert Hofmann entdeckte synthetische Droge LSD in Mode kam. LSD eignet sich besser als andere Drogen, um in höhere Bewußtseinszustände einzutauchen. Bald wurde LSD zur Kultdroge aller, die die Fesseln des erstarrten Alltagsbewußtseins sprengen wollten. Der amerikanische Arzt und Biologe John C. Lilly – weithin bekannt durch seine Forschungen an Delphinen – erzeugte mystische Zustände, indem er sich in eine mit warmem Salzwasser gefüllte, schall- und lichtisolierte Wanne einschloß. Unter Einfluß von LSD provozierte er in dieser als »Samadhi-Tank« bekannten Vorrichtung weite Reisen durch eine vielgestaltige Welt des Unbewußten, bei denen er die Grenzen dieser raumzeitlichen Realität überschritt. Samadhi-Tanks gibt es heute bei einschlägigen Firmen zu kaufen. Der Vertrieb und die Einnahme von LSD sind seit einiger Zeit allerdings in den USA und in Europa verboten.
Aber auch ohne Drogen sind die Lehren der Naturvölker und Schamanen noch eindrucksvoll genug. Im Frühsommer 1982 fand im österreichischen Alpach der Kongreß »Schamanismus und Heilen« statt, dem seitdem noch zwei weitere Schamanenkongresse folgten. Nicht nur international bekannte Wissenschaftler – unter ihnen der Vater des LSD, Dr. Albert Hofmann, – sondern auch wirkliche Schamanen wie der Sioux-Indianer Brave Buffalo oder der Cherokee-Medizinmann Rolling Thunder waren anwesend.

Rolling Thunder vollzog mit 150 Kongreßteilnehmern morgens um fünf Uhr ein Sonnenaufgangsritual. Nach einem schweigenden Anstieg von anderthalb Stunden wurde hoch auf einer Alm mit Trommeln, Tänzen und einem Rauchopfer die Sonne begrüßt. Offenbar gelang es den Schamanen, die indianische Ehrfurcht vor der »Mutter Erde« zu vermitteln. Ein Teilnehmer berichtet über die Stimmung auf dem Kongreß: »Es herrschte eine fühlbare, dichte Atmosphäre gegenseitiger Achtung und Sympathie, eine Grundschwingung des Liebevollen und der Harmonie, wie ich sie bei keinem ähnlichen Anlaß bisher erlebt habe.«

## Mystik erleben – Pfade zum Licht

### Meditation und die Erfahrung der Stille

Der indische Weise Swami Vivekananda verglich einmal das Denken des Menschen mit dem Verhalten eines toll gewordenen Affen: »Es war einmal ein Affe, der wie alle Affen von Natur ruhelos war. Zum Überfluß gab ihm jemand auch noch reichlich Wein zu trinken, so daß er noch unruhiger wurde. Danach wurde er von einem Skorpion gestochen. Wenn ein Mensch von einem Skorpion gestochen wird, springt er den ganzen Tag herum. Der Affe befand sich also in einer schlimmeren Lage denn je. Um sein Unglück vollkommen zu machen, fuhr auch noch ein Dämon in ihn. Wer beschreibt die unbezähmbare Unrast dieses Affen? Der menschliche Geist ist, wie dieser Affe, seiner Natur nach ständig in Tätigkeit. Dazu wird er trunken vom Wein der Begierde, was seine Unrast noch steigert. Nachdem die Begierde sich seiner bemächtigt hat, folgt der Skorpionstich des Neides auf den Erfolg anderer, und schließlich packt der Dämon des Stolzes diesen Geist, so daß er sich ungeheuer wichtig vorkommt. Wie schwer ist die Beherrschung eines solchen Geistes?«

Die Unruhe, die Vivekananda beschreibt, ist gerade bei uns westlichen Menschen kaum zu bändigen. Gemäß der

Lebensphilosophie der Profitmaximierung sind wir pausenlos im Einsatz, um unser Einkommen, unseren Gewinn, unseren Erfolg zu erhöhen. Oder wir hängen Tagträumen nach von einem noch glücklicheren, noch erfolgreicheren Leben.

Die Aufgabe der Meditation ist es nun, eine Art Umschaltung in Gang zu setzen: Das nach außen gerichtete, von den Außendingen faszinierte Bewußtsein soll nach innen gelenkt werden und im eigenen Inneren wiederum auf das Wesentliche, auf einen Ort der Stille. Bei allen Meditationsformen geht es daher zunächst einmal um die Isolation vom hektischen Alltagsbetrieb. Dies kann auch als eine Art Vorübung betrachtet werden, die die Fähigkeit des Loslassens und die innere Distanz kräftigt. Indische Yogis suchen einen Wald auf, einen gleichmäßig rauschenden Wasserfall oder eine Höhle. In Klöstern und Meditationsstätten herrscht öfters ein völliges Redeverbot, manchmal über Tage und Wochen hin. Dann geht es darum, eine Körperhaltung einzunehmen (etwa den Lotossitz), die die nach innen gewendete Konzentration befördert. Schließlich wird die Aufmerksamkeit auf einen gleichmäßig sich wiederholenden Reiz gerichtet, wodurch die Wahrnehmung der Außenwelt langsam undeutlicher wird und nach einiger Zeit ganz »abschaltet«. Der gleichmäßige Reiz kann die Flamme einer Kerze sein, der eigene Atem, ein Mandala (ein mystisches Symbolbild) oder eine gleichmäßig wiederholte Silbe wie das heilige Wort »Om« (man nennt dies ein »Mantra«). Ähnlich wirken sich wiederholende Körperbewegungen, Tänze (wie bei den Sufi- Derwischen) oder – so bei den Zen-Buddhisten – die Beschäftigung mit einem »Koan« (einem kurzen unlösbaren Rätselspruch).

Nach langem und geduldigem Üben ist die Außenwahrnehmung soweit eingeschränkt, daß aus dem Inneren eine neue, bisher unbekannte Erfahrung aufsteigen kann. Erst stören die vielen Gedanken und Vorstellungen, die uns bei der Konzentration auf die Innenwelt begegnen, schließlich aber erreichen wir die »Leere« und das Schweigen der meditativen Grunderfahrung. Unsere Erlebniswelt ist nun um eine Innendimension erweitert: das »dritte Auge« öffnet sich, das Auge des mystischen Schauens. Manche erreichen dabei »Samadhi« oder »Satori«, den Erleuchtungszustand bei Yoga und Zazen. Dieser Zustand entspricht der höchsten Erfahrung der Mystiker, wie sie oben beschrieben wurde. In Worten ist sie eigentlich nicht ausdrückbar. Was bei der Meditation geschieht, entzieht sich der sprachlichen Vermittlung. Es muß persönlich erlebt werden. Um es in einem Bild zusammenzufassen: Meditation ist wie die Beruhigung der Wasseroberfläche auf einem bewegten See. Ist die Wasserbewegung abgeklungen, kann man den Grund des Sees erblicken. Oder Meditation ist wie der Übergang vom Tag zur Nacht. Tagsüber sind die Sterne durch die Leuchtkraft der Sonne überstrahlt. Meditation blendet diese störende Leuchtkraft aus und läßt uns dadurch die klaren Sterne erkennen.

Wer konsequent meditiert, wird feststellen, daß er sich in vieler Hinsicht verändert. Meditation schafft ein neues Verhältnis zur Wirklichkeit, sie erhöht die Fähigkeit, das Leben unverzerrt und ohne das Dazwischentreten unserer Ängste, Hoffnungen, Wünsche und Illusionen zu betrachten. Verschwindet die Unruhe, tritt auch die wirkliche Beschaffenheit der Welt wieder deutlicher hervor. Die Unmittelbarkeit der Wirklichkeitserfahrung, die achtsame, gelassene und befreite Bewältigung des Alltags werden gefördert. Der Mensch, der an Leidenschaften und an den Dingen »hängt«, ist deren Sklave. Meditation befördert die Ablösung von dieser Sklaverei. Meditation ist also ein Weg in die Freiheit.

So sieht es auch der Zen-Meister und Jesuitenpater Enomiya-Lassalle: »Die letzte und vollkommene Auswirkung der Erleuchtung besteht darin, daß der Mensch vom Absoluten her in allem gelenkt wird. Er steht dann jenseits von Gut und Böse, in dem Sinne, daß er keines Gebotes und keiner Regel mehr bedarf, nach denen er sich ausrichten muß. Wie Konfuzius gesagt hat, braucht er nur dem Zug seines Herzens zu folgen. Der Buddhist würde das etwa die Harmonie mit dem Kosmos nennen.«

## Yoga – ein Tor zur Erleuchtung

Als Alexander der Große im Jahre 325 vor Christus bei seinen Eroberungszügen den Indus erreichte, stieß er dort auf die heiligen Männer, die Yogis. Wahrscheinlich aus dem Schamanismus prähistorischer Zeiten entstanden, war Yoga zu Alexanders Zeiten schon lange in Übung. Natürlich imponierte dem kriegerischen Griechen die erstaunliche Fähigkeit der Yogis, schweigend Schmerzen zu ertragen. Vielleicht sah er bereits einige, die ihre Fäuste so lange geballt gehalten hatten, bis ihnen die Fingernägel durch den Handrücken wuchsen oder andere, die in sengender Mittagshitze vor einem prasselnden Feuer saßen. Jedenfalls lud er einen von ihnen ein, mit ihm zu kommen und an seinem Hof zu leben. Aber der Yogi lehnte entschieden ab. Die Versprechungen Alexanders schienen ihm wenig reizvoll. Er war mit dem Nichts, das er hatte, zufrieden. Der knabenhafte Wunsch des Makedoniers, die Erde zu erobern, erschien dem Asketen reichlich lächerlich. Für jeden Menschen, sei er lebendig oder tot, genügten – so meinte der Yogi – schon wenige Fußbreit an Boden.

Das Wort *Yoga* stammt aus der altindischen Sprache des Sanskrit und bedeutet soviel wie »Joch«. Mit dem Joch werden Ochsen vor den Wagen gespannt. Ein »Joch« ist Yoga auf doppelte Weise: zum einen als eine Verbindung oder Zusammenspannung zwischen dem niederen und dem höheren Selbst, zum anderen durch die für Yoga nötige Disziplin und Selbstzucht. Bereits der Name »Yoga« weist also darauf hin, daß diese Meditationstechnik dem Übenden einiges abverlangt. Dies gilt wenigstens für manche Yogaformen, wie sie in Indien ausgeübt werden. Im Westen sind leichter verdauliche, teilweise sportliche Formen des Yoga entstanden, und vieles, was in unseren Breiten als Yoga angeboten und von unzähligen Europäern und Amerikanern emsig geübt wird, kann einem – so urteilt der Psychologe und Yoga-Kenner Jürgen vom Scheidt – als »lächerliche Kinkerlitzchen erscheinen, die bestenfalls den Beinamen ›esoterische Gymnastik‹ verdienen«.

Obgleich das vielleicht ein wenig übertrieben ist, drängt sich einem beim Yoga die Frage auf, wieweit eine jahrtausendealte Praxis aus ihrem kulturellen und historischen Zusammenhang herausgelöst und in unsere westliche Lebenswelt übertragen werden kann. Der Tiefenpsychologe C.G. Jung etwa hielt das für kaum möglich. Er warnte sogar vor der Ausübung von Yoga. »Man kann nicht eindringlich genug betonen, daß wir keine Orientalen sind und daher in diesen Dingen von einer ganz anderen Basis ausgehen«, schrieb Jung. Auch wenn man dies nicht so streng sieht, wird doch einige Behutsamkeit geboten sein. Östliche Religiosität und auch Yoga eignen sich in keiner Weise, um gewissermaßen im Schnellverfahren zur Erleuchtung zu führen. Ohne eine ernsthafte Beschäftigung mit dem religiösen und geistigen Hintergrund des Yoga-Systems werden wir kaum in den eigentlichen Sinn dieser Meditationsübung eindringen.

Zunächst einmal muß betont werden, daß Yoga seiner Herkunft nach mehr als eine Folge von Körperübungen ist. Yoga ist ein Erlösungsweg, der das gesamte Leben einbezieht. Auf dem Hintergrund der Reinkarnationslehre besteht sein Ziel darin, negatives Karma zu minimieren und positives Karma anzusammeln. »Karma« entsteht aus den Folgen und Konsequenzen der eigenen Taten – es ist die Summe aus guten und bösen Handlungen. Yoga kann als Weg verstanden werden, diese Summe günstig zu beeinflussen. Damit die Seele (Atman) aus der Welt des Stofflichen und der Begierden aussteigen kann, um sich mit Brahman, dem Weltgrund, zu vereinen, muß alles gezügelt, abgestreift und überwunden werden, was uns an das Rad der Wiedergeburten fesselt. Denn diese Fesselung entsteht nur aus unserer immer erneuten schuldhaften Verstrickung.

Etwa um 150 vor Christus faßte der Yoga-Lehrer Patanjali in seinen berühmten »Yoga-Sutras« den »achtfachen Pfad« zur Erlösung zusammen. Zunächst gilt es karmisch belastende Haltungen aufzugeben, wie Unwissenheit, Egoismus, Anhänglichkeit oder Abneigung sowie das instinktive Festhalten am Leben. Um von der Verhaftung an Ich und Welt loszukommen, ist die Yoga-Praxis notwendig. Sie umfaßt acht Stufen: Yama (Beherrschtheit und rechte Lebensführung), Niyama (asketische

Zucht), Asana (Körperstellungen), Pranayama (Kontrolle der Atmung), Pratyahara (Abwendung der Sinne von den Objekten), Dharana (Konzentration auf einen Punkt), Dhyana (Meditation) und Samadhi (Erleuchtung).

Wie man sieht, beziehen sich die ersten beiden Stufen (Yama und Niyama) auf die allgemeine Lebensführung. Die übrigen Stufen beruhen auf der Einsicht, daß Körper und Seele eine Einheit bilden und durch körperliche Praxis auch die Psyche beeinflußt und verändert werden kann. Wenn durch die rechte Haltung des Körpers (Asana) der Geist zur Ruhe kommt und es in der Versenkung keine Reflexion mehr gibt, dann erkennt der Geist seine wahre Natur und wird frei. Wird Yoga nur als Körperübung betrieben, so werden aus dem Stufenweg des Patanjali lediglich die Asanas herausgelöst.

Manchmal hört man von den außerordentlichen Wunderkräften, die einem durch Yoga zuwachsen sollen. In Indien nennt man sie »Siddhis«. Der Schriftsteller Arthur Koestler weist darauf hin, daß alle Inder, mit denen er sich über Yoga unterhielt und die ihn selbst praktizierten, ganz ausgeprägt solche Fähigkeiten als wichtigstes Ziel vor Augen hatten. Manche wollen durch Yoga zu Hellsehern werden, sich unsichtbar machen können oder göttliche Kräfte erlangen. Diese »okkulten« Erwartungen gegenüber Yoga sind so alt, daß schon Patanjali davor warnte. Er hielt die Siddhis für Fallstricke, die den Fortschritt des Yogi behindern können. Die narzißtische Hoffnung auf magische Allmacht scheint tatsächlich eher dem niederen Selbst anzugehören als dem höheren, und dieses niedere Ego soll in allen Meditationsübungen doch gerade überwunden werden.

Obgleich Yoga also eine schwere und psychologisch gesehen auch nicht ganz gefahrlose Übung ist, ist er auch in den im Westen ausgeübten Formen einer der wichtigsten Wege der Meditation. Neuere Untersuchungen haben hier das harte Urteil C.G. Jungs relativiert. Yoga bringt Entspannung – und das ist für uns gehetzte Westler schon sehr viel –, er gilt als gute Krankheitsvorbeugung, und nicht zuletzt kann Yoga Kraftquellen erschließen für Engagement in einer Zeit, die Engagierte benötigt.

Ein Beispiel ist der heute über 80jährige holländische Yogi Robert van Heeckeren. Der ehemalige Baron und Millionär quittierte mit 40 Jahren das Leben eines begüterten Adligen mit ausgedehntem Grundbesitz und wurde zum wandernden Yogi. In der Nachfolge Gandhis und Vivekanandas hält er Yoga-Kurse ab. Der Schwerpunkt seines neuen Lebens liegt jedoch im Engagement für eine bessere Welt. Van Heeckeren möchte helfen, die Not und Ungleichheit unter den Menschen zu beseitigen. Als einer der ersten hat er den Zusammenhang zwischen Fleischkonsum und Hunger aufgezeigt. Auch gegen Waldsterben und Umweltzerstörung tritt van Heeckeren an. Er arbeitet mit der Welternährungs-Organisation (FAO) zusammen, 1966 wurde er von Papst Paul in Privataudienz empfangen. Welche Bedeutung hat Yoga für van Heeckeren?
»Yoga« – so sagte er 1988 in einem Interview mit der Zeitschrift »esotera« –, »bedeutet eigentlich, sich vorbereiten auf etwas, sich für etwas einsetzen, aber auch sich sammeln, sich fassen und sich für einen Auftrag rüsten. Man könnte auch sagen, Yoga bereitet auf einen Kampf vor, keinen Kampf mit Gewalt, sondern in Gandhis Sinn von Gewaltlosigkeit. Mensch sein, heißt Kämpfer sein für eine größere Idee.«
Yoga, so verstanden, ist also ein Weg, um sich im Sinne Gandhis in den Dienst der Menschlichkeit zu stellen. Hierzu braucht man viel innere Kraft und einen Halt, den nur die Verwurzelung im höheren Selbst geben kann. Yoga ist hierzu eine Hilfe.

## Zen – absichtslos ins Schwarze treffen

Unser westlicher Lebensstil steht in deutlichem Gegensatz zur traditionellen Yoga-Praxis. Bei Zen ist der Gegensatz noch größer. Trotzdem oder gerade deshalb hat der Zen-Buddhismus, besonders seine Meditationsform des Zazen, große Wirkung im Westen entfaltet. Die amerikanische Protestbewegung der Beatniks und Hippies war in den fünfziger und sechziger Jahren von Zen begeistert, Intellektuelle sahen in ihm einen »atheistischen« Weg zu einer neuen Religiosität oder knüpften Beziehungen zur

Psychoanalyse. Tatsächlich ist Zen eine faszinierende, herausfordernde, aber auch nur sehr schwer verstehbare Form der Spiritualität.

»Zen« entstammt einer in China entstandenen Meditationsschule des Mahayana-Buddhismus. Es erreichte im 13. Jahrhundert Japan und wurde dort zum japanischen »Zen« umgestaltet, – einer religiösen Praxis, die besonders bei der Aristokratie und der Kriegerklasse (den Samurai) Anklang fand. Die dem Zen entspringende Lebenshaltung (Bushido) prägt bis auf den heutigen Tag die Lebensformen Japans.

*Ein Zenmönch zerreißt buddhistische Schriften. Diese Zeichnung symbolisiert die »Respektlosigkeit« des Mystikers gegenüber religiösen Spekulationen und Dogmen. Nur jenseits aller Gedanken, die man aussprechen oder in Büchern drucken kann, findet der Meditierende die Erleuchtung. (Nach einem Bild von Liang-Kai.)*

Zen wirkt zunächst deshalb so verwirrend, weil es ganz bewußt auf jedes Lehrsystem verzichtet. Im Gegensatz zu den dogmatisierten Offenbarungsreligionen, aber auch zu manchen esoterischen Lehrgebäuden des Westens, verzichtet Zen auf jede Festlegung, an die man »glauben« müßte. Ob es ein Jenseits gibt, ein Fortleben nach dem Tode, ja ob Gott existiert, sind daher keine Fragen, die im Zen-Buddhismus gestellt werden. Diese für eine Religion einigermaßen paradoxe, antimetaphysische Einstellung kommt in dem berühmten Ausspruch des Begründers der Rinzai-Schule des Zen, Lin-Chi, zum Ausdruck:

O ihr Bekenner der Wahrheit: Wünscht ihr ein rechtgläubiges Verständnis des Zen, so laßt euch von anderen Leuten nicht betrügen! Stoßt ihr – inwendig oder außer euch – auf Hindernisse, schlagt sie kurzerhand tot! Stoßt ihr auf den Buddha, schlagt ihn tot! Stoßt ihr auf den Patriarchen, schlagt ihn tot! Schlagt sie ohne Zögern tot; denn dies ist der einzige Weg zur Befreiung. Laßt euch nicht in irgendein Ding verstricken, sondern steht darüber, schreitet weiter und seid frei!

Nirgendwo wird also die in aller Mystik und Meditation geforderte Haltung des Loslassens, des Nicht-Verhaftetseins an die Dinge und an sich selbst so radikal gefordert wie in Zen. Selbst die Religion (im Ausspruch Lin-Chis repräsentiert durch Buddha und den Patriarchen) ist nichts, dem irgendein Respekt gezollt werden müßte. Sie alle sind bedeutungslos in der meditativen Kontemplation.

Der Weg der Zenmeditation (Zazen) ist – jedenfalls in Japan – recht beschwerlich. Er wird meist in einem Kloster praktiziert. Die Mönche, darunter auch zeitweise Geschäftsleute, Journalisten, Neugierige (denn in Japan gilt Meditation nicht als etwas »Abgehobenes«), werden lange vor Sonnenaufgang geweckt, nachdem sie nur fünf Stunden auf einem kleinen Brett geschlafen haben. Nach kärglichem Frühstück versammeln sie sich im Meditationssaal, um dort den Lotossitz einzunehmen, in dem sie schweigend verharren. Da Zazen häufig mit nur kurzen Unterbrechungen von morgens halb vier bis nachts um zehn Uhr ausgeübt wird, bekommen viele Anfänger Schmerzen in den Beinen, manchmal kommt es zu Entzündungen in den Gelenken, viele können nachts nicht schlafen.

Während die Mönche in dieser Weise dasitzen, gehen zwei Wächter langsam auf und ab. Jeder trägt einen »Warn«-Stock (einen Keisaku). Stellen die Wächter fest, daß ein Mönch nicht kerzengerade sitzt oder einzuschlafen droht, machen sie vor ihm halt, verbeugen sich vor ihm und schlagen ihn kräftig mit dem Stock auf die Schulter. Ein solcher Schlag ist jedoch nicht als Züchtigung aufzufassen, sondern als Signal, den Weg nicht zu verlassen. In der Rinzai-Schule (eine der beiden wichtigsten Strömungen des Zen) beschäftigt sich der Mönch lange Zeit über mit der Lösung eines Koan, einer paradoxen Rätselfrage (Beispiel: »Wie klingt das Klatschen einer einzelnen Hand?«). Wie oben schon beschrieben wurde, fördert die Konzentration auf ein Koan die »Umschaltung« der Wahrnehmung von der Außenwelt in die Innenwelt.

Sehr plötzlich kann es nach langer Übung schließlich zur Erleuchtung kommen (satori). Allerdings werden Zazen-Übungen keineswegs ausgeführt, »um« Erleuchtung zu erreichen. Satori ist ein unbeschreibliches Erlebnis, das sich nur derjenige angemessen vorstellen kann, der es schon einmal hatte. Aber wer sich absichtsvoll um seine Erleuchtung sorgt, wird sie nach Auffassung des Zen nicht erreichen.

Mit diesem Problem mußte sich auch Eugen Herrigel auseinandersetzen, als er sich in Japan auf den jahrelangen, mühsamen Weg machte, die von Zen inspirierte Kunst des Bogenschießens zu erlernen. Als der deutsche Philosophie-Professor in Japan einen Zen-Meister sucht, wird er von diesem zunächst abgelehnt. Der Meister hat schlechte Erfahrungen mit ungeduldigen Europäern gemacht. Schließlich nimmt ihn der Meister doch an, und Herrigel erlernt unter großen Mühen das Bogenschießen als eine Form der Meditation. Dabei stolpert er dauernd über seinen verkrampften Erfolgswillen. Er betrachtet das Bogenschießen als eine Sportart.

»Die rechte Kunst«, ruft da der Meister, »ist zwecklos, absichtslos! Je hartnäckiger Sie dabei bleiben, das Abschießen des Pfeiles erlernen zu wollen, damit Sie das Ziel sicher treffen, um so weniger wird das eine gelingen, um so ferner wird das andere rücken. Es steht Ihnen im Wege, daß Sie einen viel zu willigen

Willen haben. Was Sie nicht tun, das, meinen Sie, geschehe nicht.«

Eines Tages, nachdem Herrigel schon mehrfach aufgeben wollte, verbeugt sich der Meister vor ihm und sagt: »Soeben hat ›Es‹ geschossen. Nicht das willentliche Ich, sondern das höhere Selbst des ›Es‹. Sie verweilten diesmal völlig selbstvergessen und absichtslos in höchster Spannung; da fiel der Schuß von Ihnen ab wie eine reife Frucht.«

Auch bei Zen werden viele fragen, wozu es gut ist. Ein Ziel des Zen besteht darin, den Abgrund zuzuschütten, der zwischen uns und der Wirklichkeit klafft. Ein deutscher Professor hat den Kopf voller Theorien über die Welt, die Vergangenheit und die Zukunft. Alles, was er tut, muß einen Zweck haben, muß seinem Selbstbild und den vielfältigen Konstruktionen über sich, die Welt und die anderen entsprechen. Ein solcher Mensch (der typische Mensch im Westen) sitzt wie in einem Eisblock, der ihn von der Welt und der lebendigen Gegenwart trennt. Diese Trennung aufzuheben, den Eisblock abzuschmelzen, ist die Aufgabe von Zen. Die japanische Tuschemalerei, die Kunst des Blumensteckens (Ikebana), aber auch die Kampfkunst Aikido verfolgen einen ähnlichen Zweck. Psychoanalytiker haben festgestellt, daß dieses Ziel des Zen demjenigen der Psychotherapie sehr eng verwandt ist. Der bekannte Psychoanalytiker und Philosoph Erich Fromm (1900-1980) hat darauf ausdrücklich hingewiesen. Tatsächlich könnte der angestrebte Erfolg einer Psychoanalyse durchaus auch mit den Worten des großen Zen-Meisters D. T. Suzuki formuliert werden:

> Zen ist seinem Wesen nach die Kunst, in die Natur seines Seins zu blicken, und es zeigt den Weg von der Knechtschaft zur Freiheit (...). Wir können sagen, daß das Zen alle Energien freisetzt, die in jedem von uns richtig und natürlich aufgespeichert, aber unter normalen Bedingungen verkrampft und verzerrt sind, so daß sie keinen angemessenen Kanal zur Betätigung finden (...). Es ist deshalb das Ziel des Zen, uns davor zu bewahren, geisteskrank oder verkrüppelt zu werden. Das verstehe ich unter Freiheit, daß man allen schöpferischen und wohlwollenden Impulsen, die in unserem Herzen schlummern, freien Spielraum läßt.

## Gefahren und Abwege

Mystische Praktiken sind nicht ohne Gefahren. Japanischen Ärzten ist eine Art »Zen-Wahnsinn« bekannt, der aus einem ungeeigneten Umgang mit der Zazen-Meditation entstehen kann. Der Schweizer Psychotherapeut und Dozent am Zürcher C.G. Jung-Institut, Jürg Wunderli, berichtet von seinen Erfahrungen: »In der Meditation begegnet man sich selbst und seinem Unbewußten. Wenn ein latent Geisteskranker meditiert, kann eine akute Psychose ausbrechen. Auch bei Neurotikern ist Meditation ohne psychotherapeutische Überwachung eine fragwürdige Sache. Oft kann ich bei Patienten mit Meditationspraxis feststellen, daß für sie die Meditation ein Fluchtversuch aus der quälenden Lebensrealität darstellt, eine Weise über den eigenen Schatten zu springen – was stets mißlingen muß.«

Wenn Meditation Ängste und Depressionen auslöst oder sich störend auf die Beziehung zu anderen Menschen auswirkt, ist nach der Auffassung von Ärzten und Psychotherapeuten Vorsicht geboten. Wunderli stellt als Ergebnis seiner jahrzehntelangen Erfahrung im Umgang mit Meditation fest: »Seelisch-geistige Gesundheit ist eine Voraussetzung für intensives Meditieren. Ich meine damit nicht unbedingt ein Freisein von allen neurotischen Ängsten, Zwängen und Hemmungen, aber eine genügende Kenntnis des eigenen Unbewußten und vor allem, daß ein Mensch gelernt hat, sich so zu akzeptieren, wie er ist, mit sich selbst und seinem Unbewußten auf eine möglichst positive Art umzugehen. Wo diese Voraussetzung nicht vorliegt, ist eine Psychotherapie nötig. Die Meditation kann eine solche nicht ersetzen.«

Meditation ist also keine Therapie für Neurosen und Psychosen. Diese müssen mit anderen Mitteln angegangen werden. Meditation ist ein spiritueller Weg und setzt damit gewissermaßen auf einer höheren Ebene an, als es etwa die Psychoanalyse tut. Vorsicht ist also geboten, wenn Meditation als Methode zur Lösung aller Probleme angeboten wird!

Trotzdem kommt es nicht selten vor, daß Menschen mit schwe-

ren seelischen Problemen mit Meditation beginnen. Manch einer tut es in der Hoffnung, gewissermaßen im »Direktflug« zur Erleuchtung zu gelangen. Wer in dieser Weise unvorbereitet die Schleusen des Unbewußten öffnet, dem drohen zwei Hauptgefahren: erstens kann er das Opfer eines »spirituellen Radikalismus« werden und zweitens besteht die Gefahr, sich in narzißtischen Wahnvorstellungen zu verlieren.
Zunächst zum »spirituellen Radikalismus«. Er ist auch im Osten bekannt. Buddha brachte sich durch radikale Askese bis an den Rand des Todes. Er erkannte aber seinen Fehler und wählte schließlich den »mittleren Weg«, der ihn zur Erleuchtung führte. In Japan erzählt man sich lachend von Meditationsbesessenen, die so lange mit gekreuzten Beinen dasaßen, bis die unbenützten unteren Gliedmaßen verfaulten und abfielen. Gerade der Zen- Buddhismus warnt vor jeder Übertreibung, mit der man etwas erzwingen will. Die gefährlichste Form des »spirituellen Radikalismus« besteht jedoch darin, jeden Kontakt mit dem normalen Leben abzubrechen und sich allen Verpflichtungen gegenüber anderen Menschen zu entziehen. Mich beeindruckte das Beispiel einer jungen Frau, die auf diese Weise ihre Ehe zerstörte. Sie trat in die Hindusekte der »Brahma Kumaris« ein, die den verstorbenen Guru Brahma Baba verehrt und eine Form des Raja-Yoga praktiziert. Sie trug nur noch weiße Kleidung, dekorierte die Familienwohnung mit Fotos ihres Gurus, ging zu einer streng vegetarischen Lebensweise über und entschloß sich, gemäß den Regeln ihrer Sekte, sexuell asketisch im Zölibat zu leben. Sie hielt sich fast nur noch bei der Sekte auf. Ihr Mann und ihre achtjährige Tochter konnten diese Entwicklung nicht mitvollziehen. Der verzweifelte Ehemann reichte schließlich die Scheidung ein.
Die Reaktionsweise dieser Frau wird verständlich, wenn man weiß, daß sie in psychiatrischer Behandlung war. Sie litt unter starken Depressionen, die sie mit Tabletten und Alkohol zu verdrängen suchte. Die Sekte gab ihr eine Heimat und eine verbindliche Sinndeutung für ihr Leben. Aus der Sicht ihres Mannes und ihrer Tochter war das Verhalten dieser von Pro-

blemen gequälten jungen Frau aber im Grunde herzlos, weil sie ihre Rolle als Ehefrau und Mutter aufkündigte, ohne daß Mann und Tochter ihren Weg nachvollziehen konnten.
Gegen solche Formen der radikalen Weltverneinung wendet sich der Ausspruch eines japanischen Zen-Meisters: »Wer immer sich dem All-Einen nähern will, darf den Staub der Sinnenwelt nicht hassen. Wenn man ihn nicht mehr haßt, bleibt nichts übrig als die vollkommene Weisheit des Buddha.« Deutlich sagt Meister Eckhart, wie sich der Mystiker gegenüber seinen Mitmenschen verhalten soll: »Und wenn du in der höchsten Ekstase wärest und ein Armer käme und bäte dich, du wolltest ihm eine Suppe kochen, so laß die Ekstase fahren und koche ihm eine Suppe.«
Beide Zitate sprechen im Grunde das gleiche Problem an: Wer den »Staub der Sinnenwelt« haßt, der ist innerlich an ihn gebunden, er ist also mit sich selbst und seinem Haß auf die Sinnenwelt beschäftigt. Ähnlich bei dem Ekstatiker: Hält er seine Ekstase für wichtiger als die Verpflichtung gegenüber einem Mitmenschen, so ist er ebenfalls in erster Linie mit sich selbst beschäftigt. Bis zum »Ich-Tod«, ohne den es keine mystische Erfahrung gibt, ist es also noch ein weiter Weg. Es gibt demnach einen narzißtischen Umgang mit Mystik und Meditation, der im Grunde zu einer egozentrischen Aufblähung der Persönlichkeit führt.
Der Psychotherapeut Rudolf Bog, der sich eingehend mit dem Einfluß der östlichen Lehren auf die Psychotherapie befaßt hat, warnt: »Wenn es mit tiefenpsychologischen oder meditativen Techniken gelungen ist, die Abwehr des Ich auszuschalten, und die Kräfte der unbewußten Tiefe einströmen, können sie ein Allmachtsgefühl erzeugen, bei dem der Mensch seine eigenen Möglichkeiten maßlos überschätzt.« Besonders in der bedingungslosen Hingabe an einen Guru sieht Bog diese Gefahr. Der Guru wird als das ideale Ich erlebt, und deshalb wird in der Unterwerfung unter seine Autorität eine narzißtische Befriedigung erfahren.
Wenn aber die Meditation nicht gefahrlos ist, wo kann sie unter sachkundiger Leitung erlernt werden? Nur die einfacheren Me-

ditationsformen kann man sich im Selbststudium aneignen. Bei Yoga wird dies schwieriger und Zazen bleibt ohne einen »Meister« eine Kunst mit sieben Siegeln. Wo also kann man einen Meister finden? Der Westen hat vorwiegend Theoretiker hervorgebracht, aber kaum Praktiker des spirituellen Lebens. Der Osten dagegen kennt den spirituellen Meister seit altersher. In Indien ist es der »Guru«, in Japan der »Roshi«. Nach alter hinduistischer Anschauung ist der Guru ein verehrungswürdiger religiöser Lehrer, ein weiser Seelenführer, der den Suchenden (den Sannyasin) zur spirituellen Reife führt. Der Guru ist in der Regel jedoch kein Prediger, der, wie etwa der christliche Pfarrer, sein Wissen durch das Wort vermittelt. Eindrucksvoll schildert der Schriftsteller Paul Brunton, wie er in den dreißiger Jahren auf den berühmten indischen Weisen Râmana Maharshi (1879-1950) trifft. Brunton, ein englischer Skeptiker, war lange durch Indien gereist, um Yogis und Gurus aufzusuchen. Er war auf Scharlatane gestoßen, viele hatten ihn nicht überzeugt, nur bei Maharshi war dies anders. Maharshi sagte zu ihm kaum ein Wort, – aber er überzeugte ihn durch sein Schweigen. Stundenlang meditierte der Meister gemeinsam mit seinen Schülern, und Brunton spürte deutlich, wie von diesem Mann eine beruhigende und doch äußerst dynamische Kraft ausging. Schließlich – Brunton befand sich in einem durch Krankheit geschwächten Zustand – erlebte er an der Seite des Maharshi etwas Unerwartetes. Der kritische Intellektuelle, der sich keine besonderen Fähigkeiten in der Meditation zutraute, fiel in einen äußerst tiefen Versenkungszustand und erreichte die Erleuchtung. Diese Erfahrung veränderte sein Leben.

Râmana Maharshi war allerdings in mehrfacher Hinsicht ein »Muster-Guru«: In äußerster Armut lebend, nahm er niemals Geld an. Er beanspruchte keine Autorität und ließ seinen Schülern vollkommene Freiheit. Auch in Indien ist das nicht unbedingt die Regel. Der indischen Tradition entspricht es eher, einen Guru bedingungslos zu verehren. Religionswissenschaftler berichten, daß es üblich war, etwa das Wasser zu trinken, in welches ein Guru seine Zehe getaucht hatte, oder sich Bissen von den Essensresten seines Tellers zu beschaffen.

An solchen Beispielen wird deutlich, daß es problematisch werden kann, die uralte indische Guru-Verehrung bruchlos in den Westen zu verpflanzen. Viele Inder leben noch in sehr traditionellen Zusammenhängen. Für solche Menschen gelten auch in religiöser Hinsicht andere Bedingungen als für die Angehörigen einer pluralistischen Industriegesellschaft. Was in Indien eine echte religiöse Erfahrung sein kann, muß es im Westen nicht unbedingt sein. Ein indischer Guru, der sich plötzlich in New York wiederfindet, kann sich durch diese Verpflanzung verwandeln. Er entdeckt zum Beispiel die Möglichkeit, Geld zu machen oder sich im Glanz der Massenmedien zu sonnen, wie es vielfach – leider – zu beobachten war.

Auch seine Schüler sind andere als in Indien. Nach der indischen Lehre von den vier Lebensstadien wird man erst dann Sannyasin, wenn man bereits alle sozialen Verpflichtungen erfüllt hat. Der fromme Hindu legt erst in fortgeschrittenem Alter, wenn er eine Familie gegründet und Kinder aufgezogen hat, das orangefarbene Gewand der Entsagung an und wendet sich in der Abgeschiedenheit Meditation und Askese zu. In New York trifft ein Guru aber eher auf gehetzte Großstadtneurotiker vorwiegend jüngeren Alters, die dazu neigen, sich ihren sozialen Verpflichtungen zu entziehen.

So kann es zu Entwicklungen kommen, die Psychologen »Regression« nennen: der nach Weisheit und Erleuchtung Suchende wird nicht reifer, sondern fällt möglicherweise, ohne daß es ihm bewußt wird, in eine frühere Entwicklungsphase zurück. Wer nach einem spirituellen Lehrer sucht, sollte ihn deshalb an den Worten des 1986 verstorbenen indischen Weisen Jiddu Krishnamurti messen: »Weil ich frei bin, erwarte ich von denen, die mich verstehen, daß sie mir nicht folgen und aus mir keinen Käfig machen, der zu einer Religion oder einer Sekte wird.« Diese kritische Einstellung kann einen davor bewahren, in die Hände eines Scharlatans zu fallen, der sich als Guru oder Heiliger ausgibt.

Fast in allen größeren Städten gibt es heute Meditationszentren. Ihre Anschriften erfährt man aus den verschiedenen spirituellen Adreßbüchern, die einem jeder Buchhändler zeigen kann. Drei

Hauptkriterien haben sich für die allererste Qualitätseinschätzung der Angebote bewährt: keine Werbung, keine Versprechungen, niedrige Kosten! Wenn man diese Maßstäbe anlegt, wird man auf Menschen stoßen, die es ernst meinen und auch bald den richtigen Weg für sich finden.

# 3. Esoterische Praktiken der Selbstentfaltung

## Esoterik – Geheimnis und Einweihung

Zwischen der Mitte des 12. und der Mitte des 13. Jahrhunderts wurde eine Reihe von sogenannten Gralsromanen geschrieben, die damals weite Verbreitung fanden. In allen diesen Romanen geht es um die abenteuerliche Suche nach dem geheimnisvollen »Gral«, einem mystischen Stein oder Kelch, von dem eine lebenspendende Kraft ausgeht. Im Mythos vom heiligen Gral klingt auf charakteristische Weise das esoterische Grundmotiv an: Menschen begeben sich auf den Weg der Initiation, sie suchen Verwandlung und Erlösung durch die Annäherung an ein Geheimnis.

Parzival, der Held des Gralsromans von Wolfram von Eschenbach (ca. 1165-1220), dessen ritterlicher Vater im Kampf vor Alexandrien gefallen ist, wird von seiner Mutter (der Königin Herzeloyde) in einem einsamen Wald erzogen. So wächst Parzival als unwissender Jüngling heran. Als er eines Tages Rittern in glänzender Rüstung begegnet, ergreift ihn ein gewaltiger Tatendrang: er verläßt seine Mutter und begibt sich auf Abenteuersuche.

In diesem Stadium der »tumbheit« richtet er jedoch Schaden an und gerät immer wieder in Schwierigkeiten, gerade auch, weil er sich so sehr darum bemüht, ein edler Ritter zu sein. Durch Zufall kommt er an die Gralsburg. Er erahnt ihr Geheimnis und daß hier seine Bestimmung liegt, doch er ist noch nicht reif, in die Gemeinschaft der Gralsritter aufgenommen zu werden. Den Ausweg aus seinen erneuten Leiden zeigt ihm Trevrizent, der weise Eremit, und so gelingt es Parzival, sich zu läutern und die Gralsburg erneut zu finden, wo er zum König und Hüter des Grals ernannt wird.

Dieser Mythos entspricht in den Grundzügen der Buddha-Legende: Wie Buddha kommt Parzival aus einem Königsgeschlecht. Er verläßt seine »heile Welt« und begibt sich auf die Suche, wobei ihm selbst noch unklar ist, wonach er eigentlich sucht. Nach harten Prüfungen und geduldigem Bemühen erreicht er das ihm vorgesteckte Ziel: die Königschaft in der Gralsburg. Noch deutlicher als bei Buddha tritt die Kreisbewegung seines Weges hervor: Parzival ist königlicher Herkunft, und er ist dazu bestimmt, ein König zu werden, allerdings auf einer höheren Ebene. Dazwischen aber liegt der beschwerliche Weg der Verwandlung von der »tumbheit« zur Selbstwerdung – ein Initiationsweg.

Initiation bedeutet soviel wie Einweihung. Bekannt sind sogenannte Initiationsriten bei Naturvölkern zur Aufnahme von Jugendlichen in die Stammesgemeinschaft; sie werden auch bei Geheimbünden, wie etwa den Freimaurern, zelebriert. Darüber hinaus spielt Initiation in allen esoterischen Lehren eine herausragende Rolle. Initiation und Esoterik sind also eng verbunden.

Bei aller Verschiedenheit der esoterischen Praktiken gibt es im esoterischen Denken etwas Verbindendes: die Erkenntnis, daß der Grund der Welt und das Ziel des Lebens ein Geheimnis ist. Um dieses Geheimnis zu ergründen, müssen Menschen den Initiationsweg der Selbstverwandlung gehen. Hier ist häufig von Tod und Wiedergeburt die Rede, denn die Erschließung des Geheimnisses verlangt die Hingabe des niederen Selbst und den Verzicht auf alle Bindungen an die »heile Welt« des Vordergründigen. So wie der Vogel Phönix erst aus seiner eigenen Asche zu neuem Leben erstehen konnte, ist auch der Initiationsweg des Esoterikers erst nach einem oft schmerzvollen und reinigenden Prozeß der Verwandlung abgeschlossen.

Es ist nicht verwunderlich, daß aus dem Blickwinkel einer solchen Verwandlung Esoteriker häufig zwischen Menschen trennen, die ihr Ziel noch nicht erreicht haben, und solchen, die verwandelt sind und sich deshalb zu den Eingeweihten zählen. Schon das aus dem Griechischen stammende Wort »esoterisch« deutet dies an. Es bedeutet soviel wie »innerlich« und nur den

Eingeweihten zugänglich. Es deutet also auf eine innere Wahrheit hin, auf eine Wirklichkeitsebene, die dem Alltagsmenschen verschlossen ist.
Die im zweiten Jahrhundert nach Christus sehr einflußreiche esoterische Sekte der Gnostiker unterteilte dementsprechend die Menschen in »Pneumatiker«, »Hyliker« und »Psychiker«. Die Pneumatiker hatten sich in mystischer Versenkung vom göttlichen Geist (dem Pneuma) anrühren und verwandeln lassen; die Hyliker blieben weiterhin an die Materie (Hyle) gebunden und konnten Gott nicht fassen; die Psychiker standen in der Mitte: sie hatten schon etwas Pneuma in sich, bedurften aber noch der Askese, um ihre Sinnlichkeit abzustreifen. Ähnlich war es bei den berühmten griechischen Mysterien von Eleusis. Die Teilnehmer dieser rituellen Festspiele zu Ehren der Göttin Demeter wurden in Laien, Mysten (die Eingeweihten) und Epopten (die Schauenden) eingeteilt. Nur wer durch Fasten, durch zeremonielle Reinigungen und durch entsprechenden Lebenswandel ausreichend vorbereitet war, gehörte zu den eigentlichen Eingeweihten und durfte an besonderen Riten teilnehmen, bei denen ihm die Gewißheit der Unsterblichkeit zuteil wurde. Wie diese Riten genau aussahen, wissen wir bis heute nicht, denn die Bewahrung des esoterischen Geheimnisses wurde offenbar sehr ernst genommen.
Diese »Arkandisziplin« war – jedenfalls in früheren Zeiten und soweit sie von religiösen Gemeinschaften und Geheimbünden ausgeübt wurde – ein Merkmal der Esoterik. Die Überzeugung, daß das »Arkanum« (das Geheimnis) gegen die Profanierung durch die ungläubige Menge geschützt werden müsse, wird auch in den für die Esoterik hoch bedeutsamen »hermetischen Schriften« (siehe S. 60 f.) geäußert: »Bewahret die göttlichen Geheimnisse in der Verborgenheit eures Herzens und bedeckt sie mit Schweigen.«
Diese Vorstellung hat sich heute gewandelt. Esoterische Praktiken und esoterisches Denken sind grundsätzlich jedem zugänglich. Sie geben Lebenshilfe und vermitteln Selbsterfahrung. In einer Zeit, in der sich viele nach dem Sinn ihres Lebens fragen, kann die Esoterik für jeden, der sich ernsthaft mit ihr

beschäftigt, eine wichtige Funktion erfüllen: sie erschließt Wege einer befriedigenden Sinngebung.

## Wie unten so oben

Was beinhalten nun die esoterischen Lehren, wie sieht das Weltbild des Esoterikers aus? Von »dem« esoterischen Weltbild kann kaum die Rede sein, denn ein breites Band esoterischen Denkens zieht sich von den alten Griechen über das christliche Mittelalter bis in die Gegenwart. Und natürlich können auch die noch viel älteren östlichen Weisheitslehren in vieler Hinsicht als esoterisch bezeichnet werden. Gewiß ist andererseits nicht alles im strengen Sinn »esoterisch«, was sich so nennt, und viele, die durchaus esoterisch dachten oder lebten, haben noch nicht einmal den Begriff gekannt. Auf Worte kommt es auch nicht an, sondern auf eine menschliche Grunderfahrung, die es im Denken und Handeln zu allen Zeiten gegeben hat.
Als Alexander der Große – so berichtet die Legende – Ägypten erobert hatte, betrat er eine alte Grabkammer an der Stelle, wo heute die Stadt Alexandria steht. In dieser Kammer stieß er auf die Mumie von Hermes Trismegistos, dem Boten zwischen Gott und den Menschen. Die Mumie des Hermes hielt eine smaragdene Tafel in der Hand, auf der die Grundgesetze des Kosmos eingraviert waren: die esoterische Lehre.
Seitdem haben sich zahlreiche Esoteriker auf Hermes Trismegistos berufen, der in Wirklichkeit niemals gelebt hat. Die sogenannten hermetischen Schriften stammen aus den ersten Jahrhunderten nach Christus (genau weiß man es nicht). Sie wurden von verschiedenen Autoren verfaßt und enthalten platonisch-pythagoreisches und gnostisches Gedankengut, esoterische Lehren, die zur damaligen Zeit weit verbreitet waren.
Was stand auf der smaragdenen Tafel? Aus den außerordentlich dunklen Sätzen, die einen breiten Deutungsspielraum zulassen, sei derjenige ausgewählt, der am eindeutigsten ist, der von Esoterikern am meisten zitiert wird und einen Kerngedanken der Esoterik wiedergibt:

Dasjenige, welches unten ist, ist gleich demjenigen, welches oben ist: Und dasjenige, welches oben ist, ist gleich demjenigen, welches unten ist, um zu vollbringen das Wunderwerk eines einzigen Dinges.

Es ist nicht schwer, in diesen Sätzen die Lehre über den Zusammenhang von Mikrokosmos und Makrokosmos zu finden, die einer uralten Grundanschauung über die Verbundenheit von Mensch und Welt entspricht. So wie die Welt in ihren »unteren« Bereichen beschaffen ist, so ist sie es auch »oben«. Kurz: Wie unten so oben.

Obgleich die Mikrokosmos-Makrokosmos-Lehre als eine der esoterischen Grundanschauungen in allen Jahrhunderten und allen Erdteilen bekannt war, wurde sie durch die christliche Kirche in Europa über lange Zeit an den Rand gedrängt, denn sie stand im Verdacht, »pantheistisch« zu sein und damit dem Dogma zu widersprechen. Als sich aber in der Renaissance, also im 14. bis 16. Jahrhundert, Naturwissenschaft und Philosophie ihre Eigenständigkeit gegenüber der Kirche eroberten, griffen viele Denker auf diesen esoterischen Erfahrungsschatz zurück. Einer dieser Denker war Theophrastus Bombastus von Hohenheim, genannt Paracelsus (1493-1541), der als einer der begabtesten Ärzte, Naturwissenschaftler und Esoteriker seiner Zeit in die Geschichte einging.

Paracelsus – er war auch als Alchemist tätig – führte ein unruhiges Wanderleben durch ganz Europa. Viele Bücher konnte er dabei nicht mitschleppen, denn er reiste in der Regel zu Fuß. Vielleicht war dies ein Anstoß für ihn, die Abkehr von der scholastischen Bücherweisheit und die Hinwendung zur Natur zu fordern. Die Natur, so lehrte er, sei das Buch, das es zu studieren gelte, denn in der Natur, der menschlichen und der außermenschlichen, sei alle Weisheit des Kosmos enthalten. Es gelte nur, diese Weisheit zu entdecken.

Anders als heutige Naturwissenschaftler glaubte Paracelsus allerdings, daß jedes Einzelding in der Natur – etwa ein Kristall oder auch der Mensch – eine Art Spiegel des Ganzen sei. Das Ganze (der Makrokosmos) ist das Universum, von Gott geschaffen und alles umfassend. Der Mikrokosmos ist der Bereich der Einzeldinge, der aber nur scheinbar vom Ganzen isoliert ist.

*Wie unten so oben, lautet die alte Formel des Esoterikers Hermes Trismegistos. Auf diesem Holzschnitt aus einem alchemistischen Buch des 17. Jahrhunderts wird dieses Prinzip durch zwei spiegelbildlich angeordnete Dreiecke verdeutlicht. Das nach oben gerichtete Dreieck versinnbildlicht das All und die himmlische Natur, das nach unten gerichtete das irdische Wesen des Menschen. Beide zusammen ergeben die Ganzheit von Makrokosmos und Mikrokosmos. Auch der Lebensbaum verbindet das Menschliche mit dem Kosmischen und Göttlichen. Seine sieben Zweige (sieben ist die Zahl der universellen Ganzheit) tragen die Zeichen der Planeten und der polaren männlich-weiblichen Gegensätze Sonne und Mond. Unter dem Lebensbaum diskutieren zwei Alchemisten (Senior und Adolphis) über den rechten Weg zur Vollkommenheit. (Holzschnitt, aus: Basilius Valentinus, Azoth, Paris, 1659.)*

In Wirklichkeit enthält der Makrokosmos den Mikrokosmos in sich und der Mikrokosmos den Makrokosmos. Daher der Satz des Hermes Trismegistos: Wie unten so oben.
Natürlich sieht auch ein Esoteriker, daß es in Raum und Zeit getrennte Dinge gibt, Sterne, Menschen, Bäume. Aber er glaubt, daß sie im Grunde alle aus einem gemeinsamen Geist heraus entstanden sind und nur die sichtbare Außenseite dieses Geistes verkörpern – die Außenseite des göttlichen Geistes.
Dieser Gedanke unterscheidet sich in mancher Hinsicht von der kirchlichen Gottesidee. Gott ist für den Esoteriker nicht der von der Welt wie durch einen tiefen Abgrund getrennte Urvater. Er wird den Menschen nicht erst durch die Lehren der Kirchen bekannt. Gott befindet sich in den Dingen selbst, er ist in allem enthalten, in seiner Schöpfung als Ganzem wie in jedem noch so unscheinbaren Einzelding. Gott, der Urquell aller Wirklichkeit – so lehrte der Philosoph Plotin (204-269) –, erzeugt aus sich heraus die Vielheit der Dinge in der Welt. Wie die Sonne, wenn sie ihr Licht verbreitet, dabei nichts an Substanz verliert, sondern immer sie selbst bleibt, bleibt Gott sich selbst gleich und ist doch in allem enthalten. Oder, anders ausgedrückt: Die Welt ist ein Baum, der von der Wurzel bis zur Blüte und Frucht von einem einheitlichen göttlichen Lebenssaft gespeist und von innen her gestaltet wird. Demnach ist der Makrokosmos im Mikrokosmos, den Einzeldingen, enthalten, denn der göttliche Geist verbindet beide. Dies entspricht einer ähnlichen Lehre bei den Indern: Brahman, der Geist des Ganzen, zeigt sich als Atman in der Seele des Menschen. Ebenso sehen die Chinesen die Welt als einen einheitlichen Kosmos: Tao, der spirituelle Grund der Welt, ist wie im Ganzen so auch im einzelnen.
Dieses »holistische Weltbild«, wie es die gegenwärtige New Age-Bewegung nennt, das die Ganzheit, den Allzusammenhang der Wirklichkeit betont, hat große Bedeutung für das Leben des einzelnen. Wenn alle Dinge ein Spiegel des Ganzen und damit auch ein Spiegel Gottes sind, hat der Mensch die Möglichkeit, in sich selbst diesen Spiegel zu betrachten. In seinem Inneren trägt er das Bild Gottes oder – wie es Meister Eckhart ausdrückt – das spirituelle »Fünklein«, das in der Kontemplation zum

strahlenden Licht werden kann, dem Licht Gottes. Auf diesem Wissen beruhen alle Formen der Meditation.

Wie eine solche Gotteserkenntnis den entsprechend vorbereiteten Menschen ganz plötzlich überkommen kann, zeigt das Beispiel des Görlitzer Schusters Jakob Böhme, der um die Wende von 16. zum 17. Jahrhundert lebte. Als er eines Tages in seiner Werkstatt arbeitete, fiel ein Sonnenstrahl auf ein blankes Zinngefäß. Im selben Augenblick war alles wie verwandelt. Böhme schien es, als könne er in das Innere der Dinge hineinsehen, als sei er mit ihnen eins geworden. Der Unterschied von Innenwelt und Außenwelt war aufgehoben. Und in dieser Einheit aller Dinge leuchtete die Gegenwart Gottes auf.

Jakob Böhme, von dem diese mystische Erfahrung berichtet wird, wurde daraufhin zu einem der bedeutendsten esoterischen Denker. Wenn der Mensch sein Ich losläßt und in dieser »Gelassenheit« sich seinem Inneren zuwendet, entdeckt er das Reich Gottes in sich. Hier verliert sich alles Gegenständliche, Logik und Sprache versagen, denn Gott, obgleich er alles umfaßt, ist für den Menschen »ein ewiges Nichts«. Er ist – so Böhmes treffendes Wort – der »Ungrund«.

An dieser Stelle soll ein Punkt hervorgehoben werden, der besonders bedeutsam scheint: Jakob Böhmes Lehre von der Einheit der Gegensätze. Wenn die Welt ein Ganzes ist, Makrokosmos und Mikrokosmos eine Einheit bilden, wie ist dann der Widerstreit von Gut und Böse zu erklären? Ist es nicht – so fragt sich Böhme – eine oberflächliche Täuschung, wenn wir Gut und Böse als zwei getrennte Welten betrachten? Böhme kommt hier, ohne daß es ihm bewußt ist, ganz nahe an die chinesische Yin- und Yang- Philosophie heran. Die Welt ist Licht und Schatten *zugleich*, so antwortet er. In allen Dingen steckt Gutes und Böses zugleich, insbesondere im Menschen.

Böhme geht noch weiter. Er glaubt nicht nur, daß beide Sphären stets gleichzeitig vorhanden sind, sich in allem wie zwei Pole bedingen, er erklärt auch, weshalb in allem diese Polarität besteht. Ohne die Spannung zwischen Licht und Finsternis wäre die Welt nämlich tot, nichts würde sich bewegen. Insbesondere für den Menschen gilt dies. Wer nicht das Böse in sich selbst erfährt, kann keinen Trieb zum Guten entwickeln; und die gesamte Schöpfung, so glaubt Böhme, spürt die mächtige Sehnsucht nach ihrem göttlichen Ursprung, weil sie eine widersprüchliche Einheit von Licht und Schatten ist. Niemand hat dies überzeugender dargestellt als Goethe im »Faust«. Nur weil Faust stets Mephisto, den Teufel, an seiner Seite hat, verfolgt er einen konsequenten Weg der Selbstentfaltung. Nur weil ihn Mephisto begleitet, erreicht er schließlich sein Ziel.

## Magie – Energien und verborgene Kräfte

Ein magisches »Schwitzhütten-Ritual« in Titisee im Schwarzwald anläßlich eines »Schamanenkongresses« im Juni 1984: 25 unbekleidete Menschen kauern in einer niedrigen, iglu-artigen Hütte. Unter Anrufung der Geister der vier Naturreiche – dem Mineral-, dem Pflanzen-, dem Tier- und dem Menschenreich – werden von einem indianischen Medizinmann heiße Steine in die Hütte gebracht, die bald eine große Hitze verbreiten. Der Medizinmann – es ist Dr. Harley Swiftdeer, ein Amerikaner irischer Abstammung mit indianischer Mutter, der von seinem Großvater in die Geheimlehren der Indianer eingeführt wurde – wendet sich mit einem Gebet nach Süden. Der Süden symbolisiert das Selbst des Menschen und den Geburtsort der Welt. Die Teilnehmer werden aufgefordert, ihre Fehler zu bekennen und um Befreiung von ihren Sünden zu bitten. Dann wendet sich der Medizinmann nach Westen und betet laut für alle Wesen, die in Not sind. Bei jeder Bitte gießt er Wasser auf die heißen Steine; der Dampf steigt zur Geisterwelt auf. Danach kehrt sich Harley Swiftdeer nach Norden. Die Teilnehmer sollen jetzt alles Negative vergessen und loslassen. Nach Osten gewendet ruft der Medizinmann alle guten Geister des Universums an. Dann wird lange geschwiegen. Anschließend nehmen die Teilnehmer im Bach vor der Schwitzhütte ein kühles Bad.

Die Schwitzhütten-Zeremonie ist ein magisches Reinigungsritual, das von Indianern seit Jahrtausenden durchgeführt wird. Es geht um die innere Wandlung, um die Heilung der Seele und um ihre Verbindung mit den Urenergien der Natur, deren Kräfte magisch beschworen werden.
Magie ist seit alters her der Versuch, mit Energien in Kontakt zu kommen, die für den Menschen nützlich sind. Dabei geht es sowohl um die Kräfte des eigenen Inneren wie auch um Energien des Äußeren. Das Ziel der Magie ist ein ähnliches wie das der Esoterik: die Entfaltung und Selbstverwirklichung des Menschen. Die meisten esoterischen Praktiken enthalten magische Anteile und immer geht es darum, einen Schritt auf dem Entfaltungsweg des Lebens voranzukommen.
Auch hier wieder ist der Magier Faust ein gutes Beispiel. Seit Goethe ihn unsterblich machte, hat fast jeder sich schon einmal mit Magie beschäftigt, in der Regel in der Schule. Dieser Dr. Johannes Faust ist von unbändigem Wissensdurst erfüllt. Er möchte erkennen, »was die Welt im Innersten zusammenhält« und hat zu diesem Zweck auch magische Mittel angewandt. Als alles nicht weiterhilft, schließt er einen Pakt mit dem Teufel und beschreitet nun einen dramatischen Selbstentfaltungs- und Initiationsweg, der ihn schließlich zur »Klarheit« führt.
Goethes Dr. Faust – eine Gestalt, von der sich das Volk in Sagen und Legenden erzählte – geht möglicherweise auf Agrippa von Nettesheim zurück, den berühmten Philosophen und Magier, der um die Wende vom 15. zum 16. Jahrhundert lebte. Das Volk glaubte, sein schwarzer Hund, den er immer bei sich hatte, sei der Teufel selbst. In Wirklichkeit hatte sich Agrippa lediglich mit Astrologie und Alchemie beschäftigt und ein weitverbreitetes Lehrbuch der Magie geschrieben, in welchem er die Weltsicht des Hermes Trismegistos und der Neuplatoniker (einer philosophischen Strömung zwischen dem 3. und 6. Jahrhundert) um ihre magischen Konsequenzen erweiterte.
Agrippa von Nettesheim schließt an die Mikrokosmos-Makrokosmos- Lehre an: »Es ist offenbar, daß alles Untere unter dem Einfluß des Oberen steht und gewissermaßen (...) alles in einander enthalten ist, nämlich das Unterste im Ober-

sten und das Oberste im Untersten.« Agrippa kommt es nun darauf an, jenen »Stoff« genau zu bestimmen, der das Unterste mit dem Obersten und jedes Ding mit jedem anderen verbindet und im Inneren gleich macht. Mit Aristoteles und Paracelsus nennt Agrippa diesen Stoff »Weltgeist«, »Weltseele« oder »Quintessenz«, das fünfte Element. Andere Esoteriker sprechen vom »Äther« oder einem kosmischen Fluidum. Jedenfalls handelt es sich um einen »Stoff«, der weder körperlich noch geistig ist, sondern Körper und Geist miteinander verbindet und für alles im Kosmos die gemeinsame Grundlage bildet.

Erst auf diesem Hintergrund wird voll verständlich, wie Agrippa Magie versteht. Zunächst muß der Magier durch das Vordergründige hindurchblicken. Dabei offenbart sich, daß hinter der raum- zeitlichen Welt der Erscheinungen eine unsichtbare Wirklichkeit existiert, die alle Dinge trägt und aus der heraus sie entstehen. In dieser Hintergrundswirklichkeit ist letztendlich alles mit allem verwandt: ein Mensch mit dem anderen, alle Menschen mit den Dingen und alles Irdische mit dem Kosmischen. Dieses enge Verwandtschaftsverhältnis möchte der Magier ausnutzen. Dies erscheint ihm möglich, indem er auf den Weltgeist Einfluß nimmt, indem er auf die Quintessenz wirkt. Denn der Weltgeist oder die Quintessenz ist nicht nur der »Grundstoff«, aus dem alles gemacht ist – die Quintessenz ist auch wirkende Energie, Kraft, Potenz. Sie hält alles in Bewegung, baut es auf, gibt ihm Form, treibt es an. Wenn es also dem Magier gelingt, diese gewaltige Grundenergie des Kosmos für seine Ziele einzusetzen, so ist das *praktische Magie*.

Natürlich klingen Agrippas Rezepte heute ein wenig naiv. Wie bekämpfe ich eine Herzkrankheit? Durch die Einnahme von zerstoßenem Gold, denn im Gold liegt die höchste Kraft der Quintessenz. Wie banne ich einen bösen Dämon? Durch die Aussprache seines Namens, denn im Namen ruht die Quintessenz des bezeichneten Dinges. Sie kristallisiert sich im Wort. Wie ziehe ich einen guten Geist zu mir herab? Durch das Aufschreiben einer magischen Zahl, denn in den Zahlen drückt sich die Harmonie des Kosmos aus, die in der Quintessenz enthalten ist.

*Das Sinnbild für die Weltseele bzw. die Quintessenz war für Esoteriker seit jeher die Muttergöttin Isis. Sie verdeutlicht das schöpferische Prinzip der Fruchtbarkeit, das alle Dinge hervorbringt. Auf diesem Kupferstich aus dem 17. Jahrhundert verbindet Isis die himmlischen Sphären mit den Irdischen. So wie sie selbst an Gott gefesselt ist, führt sie auch den Menschen (den »Affen Gottes«) an einer Kette. Das lange, offene Haar der Isis weist sie als die Nährmutter der Welt aus. Lebenspendender Same quillt aus ihrer Brust. Mit einem Fuß auf der Erde, mit dem anderen auf dem Wasser stehend, ist sie die Beherrscherin der Elemente. Das Universum insgesamt wird kreisförmig gesehen als eine Ganzheit von Makrokosmos und Mikrokosmos. (Kupferstich, aus: Robert Fludd, Utriusque Cosmi Historia, Oppenheim, 1617.)*

Es ist nicht unbedingt empfehlenswert, diesen praktischen Teil der Magie für bare Münze zu nehmen. Hier geht viel uralter Aberglaube mit ein, der schon zu Agrippas Zeiten heftig kritisiert wurde. Wie wir noch sehen werden, ist es interessanter, darüber nachzudenken, ob die alten Magier vielleicht eine Art »unbewußte Psychotherapie« betrieben.

## Magie und moderne Physik

Obgleich nicht mehr jeder seiner Vorschläge aktuell ist, erscheinen die Theorien Agrippas uns heute in einem anderen Licht. Auf der Suche nach dem Wesen der Materie haben sich die Physiker längst davon gelöst, die Welt als eine Ansammlung von isolierten materiellen Objekten zu betrachten. Alles, was wir vordergründig wahrnehmen, besteht in Wirklichkeit aus unsichtbaren Elementarteilchen, die, wenn man sie genau untersucht, eher den »Verdickungen« oder »Knoten« in einer Art Energiefeld entsprechen. Ein Kraft- oder Energiefeld als letzte Basis der Realität – dieser Gedanke kommt sehr nahe an Agrippas Quintessenz heran. Und ganz ähnlich wie Agrippa sind heute auch bedeutende Naturwissenschaftler davon überzeugt, daß die eigentlichen Wurzeln dieses Kraft- oder Energiefelds außerhalb von Raum und Zeit liegen. Der Physiker David Bohm etwa, ein Lieblingsschüler Albert Einsteins, geht davon aus, daß es zwei Wirklichkeitsebenen gibt: eine verborgene Hintergrundswirklichkeit außerhalb von Raum und Zeit, in der alle Dinge gewissermaßen nur »eingerollt« und »eingefaltet« vorliegen, und die unseren Sinnen zugängliche Vordergrundswirklichkeit der »entfalteten«, gegenständlichen Realität:

> Die wahre Natur der Dinge liegt in einer anderen Dimension, wo es weder Raum noch Zeit, weder »Dinge« noch »Bewegung« gibt, die sich daher der Messung und exakten Beschreibung entzieht und sich allenfalls der direkten Seinserfahrung erschließt.

Dieses neue naturwissenschaftliche Weltbild weist noch ein weiteres wichtiges Merkmal auf, das auch für das Verständnis der Magie von großer Bedeutung ist. Setzt man nämlich voraus, daß alle Dinge an einer Ebene Anteil haben und aus einem »Stoff« aufgebaut sind, bei denen weder Raum noch Zeit eine Rolle spielen, so sind in allem, was existiert, alle nur möglichen Informationen *gleichzeitig* vorhanden. Denn auf jener höheren Ebene gibt es keine räumliche Trennung und kein zeitliches Vorher und Nachher.

Die Quintessenz verbindet diese höhere Ebene mit der uns bekannten Vordergrundswelt und sie ist in allem enthalten. Wenn es gelingt, mit ihr und der in ihre enthaltenen Gesamtinformation Kontakt aufzunehmen, so kommt es zu magischen Effekten, wie etwa zu präkognitiven Träumen, in denen die Zukunft zur erlebten Gegenwart wird. Macht ein Hellseher mit Hilfe eines sogenannten »psychometrischen Objekts«, z.B. dem Taschentuch einer vermißten Person, Aussagen über deren Verbleib (der holländische Hellseher Gérard Croiset hat in dieser Weise mehrfach erfolgreich mit der Kriminalpolizei zusammengearbeitet), so wird anhand eines materiellen Gegenstandes ebenfalls diese Gesamtinformation angezapft. Hier liegen vermutlich magische Vorgänge zugrunde, die den Menschen mit der raum-zeitlosen Wirklichkeitsebene des Universums in Verbindung bringen.

Aber inwiefern kann man heute ernsthaft Magie praktizieren? Nicht jeder hat verwertbare hellseherische Fähigkeiten, um der Kriminalpolizei behilflich zu sein. In älteren Kulturen prophezeiten Priester die Zukunft aus den Flugformen von Vogelschwärmen, aus dem Rauch eines Feuers, aus den Eingeweiden eines geschlachteten Tieres, aus Wolkenformationen und natürlich aus den Sternen. Soll man vergleichbare Praktiken wiederbeleben? Es dürfte nicht in jedem Falle sinnvoll sein, solche Erscheinungsformen der Magie aus ihrem historischen und kulturellen Zusammenhang zu reißen und bruchlos in die Gegenwart zu verpflanzen. Ein »griechisches« Orakel, mit einer Pythia – so hieß die berühmte Seherin in Delphi –, die das Blut von Lämmern trinkt, um sich in Trance zu versetzen, wirkt in Hamburg oder München wie ein alberner Spuk. Die Menschen hatten vor zweieinhalbtausend Jahren wahrscheinlich noch eine ungleich engere Beziehung zu den okkulten Dimensionen des

Lebens. Die in den alten Kulturen weit verbreiteten Methoden der Zukunftsdeutung werden sich kaum so simpel in die Welt der Technik übertragen lassen.
Aber etwas anderes ist möglich. Es ist die verstärkte Nutzung bestimmter aus Esoterik und Magie übernommener Praktiken in der Selbsterfahrung. C.G. Jung, der große Tiefenpsychologe, war der Ansicht, daß magische Praktiken wie etwa die Alchemie, die Astrologie oder das I Ging, im Grunde Techniken der Selbsterforschung und Selbstentfaltung seien. Wir wollen diesen Aspekt im folgenden im Auge behalten.

## Alchemie – Vollkommenheit und der Stein der Weisen

Was taten die mittelalterlichen Alchemisten? Waren sie abergläubische Chemiker, denen noch die wissenschaftlichen Grundkenntnisse fehlten? Wie ist es zu verstehen, daß in ganz Europa Hunderte von klugen und gesunden Männern ihr Leben lang unermüdlich einer offenbaren Wahnidee hinterherliefen: aus niederen Elementen künstlich Gold zu erzeugen? Wahrscheinlich ist dies keinem je gelungen, aber zahllose Alchemisten haben alles geopfert, um dieses Ziel zu erreichen. Täglich an heißen Öfen hantierend, verseucht durch Quecksilber- und Schwefeldämpfe, gaben viele ihren letzten Pfennig hin. Der Maler Pieter Brueghel der Ältere hat es auf einem Kupferstich festgehalten: der Alchemist ruiniert seine Familie, seine Frau verzweifelt, die Kinder finden nichts mehr zu essen und müssen schließlich ins Armenhaus.
Man befindet sich auf dem Holzweg, wenn man allein nach einem materiellen Zweck der Alchemie sucht. Materielle Interessen mögen mitgespielt haben, aber im Grunde ging es um ein spirituelles Ziel. Mit Hermes Trismegistos und Agrippa von Nettesheim war der Alchemist davon überzeugt, daß die Quintessenz durch die Gestirne auch in das Reich der Metalle eingedrungen sei. Das höchste Gestirn, vermittelnd zwischen Gott

und dem Menschen, war die Sonne. Das vollkommene Metall, sonnenähnlich in seiner Substanz, war das Gold. Auch der Alchemist faßte das Leben als einen esoterischen Initiationsweg auf: Alles Untere strebt nach dem Oberen, aus dem es stammt, die Quintessenz strebt in allen Dingen und im Menschen nach ihrem göttlichen Ursprungsort zurück. Deshalb galt es, aus den unreinen Elementen durch Verwandlung und Erneuerung Gold zu erzeugen, aber ein besonderes Gold: ein Gold, in dem die Quintessenz in hochkonzentrierter Form enthalten ist – den »Stein der Weisen«. Der Stein der Weisen war das Lebenselixier, die universale Medizin, die Unsterblichkeit verlieh und mit Gott vereinigte.
Bei solch mystischer Zielsetzung konnte auch nicht jeder ein Alchemist werden. Wer sich auf den Initiationsweg der Alchemie begeben wollte, mußte moralische Tugenden mitbringen und eine für die Stimme Gottes offene Seele. Viele Alchemisten versicherten, daß Kinder die besten Voraussetzungen zur Alchemie hätten! Nur bei Kindern vermutete man die noch unverbildete Fähigkeit, in das Innere der Dinge hineinzusehen. Vielleicht waren es eben die moralisch ungeeignetsten Alchemisten, die sich selbst und ihre Familie mit dieser Kunst zugrunde richteten. Sicher ist, daß die Alchemie keine »objektive« Forschung im Sinne der heutigen Wissenschaft war, sondern vielmehr ein Selbstentfaltungsweg, bei dem die Grenze zwischen dem Menschen und der Natur durch die Gemeinsamkeit der in beiden tätigen Quintessenz aufgehoben war.

## Astrologie – Wer die Sterne kennt, erkennt sich selbst

Jeder zweite Bundesbürger glaubt – so ergab 1987 eine Repräsentativumfrage des Kölner Sample-Instituts –, daß »die Sterne irgendwie unser Schicksal beeinflussen«, 96 Prozent kennen ihr Sternzeichen, zwei Drittel lesen gelegentlich oder regelmäßig ihr Horoskop.

Dementsprechend bieten heute zahllose Astrologen ihre Dienste an. Bis zu 500 Profis und gut 4000 Freizeitastrologen erwirtschaften einen geschätzten Jahresumsatz von über 50 Millionen Mark, zum Teil mit Hilfe von Computern. Astrologisch orientierte Zeitschriften wie »Das Neue Zeitalter« oder die »Neue Weltschau«, astrologische Seminare im Schwarzwald oder auf Lanzerote, astrologische Kassetten mit Tierkreis-Meditationen und nicht zuletzt eine ganze Flut astrologischer Literatur, Theorie und praktische Anleitung – die Astrologie erlebt einen Aufschwung wie selten zuvor.
Diese Daten lassen vermuten, daß mit der Astrologie auch Schindluder getrieben wird. Zeitschriftenhoroskope sind oft frei erfunden oder beruhen allein auf dem Sonnenstand, während die seriöse Astrologie ein weit komplexeres Verfahren anwendet. Hier werden für Zeit und Ort der Geburt nach astronomischen Tabellen die Stellung von Sonne, Mond und Planeten in den Tierkreiszeichen und ihre Winkelbeziehung, die Aspekte, berechnet. Hinzu kommt der »Aszendent«: der Grad des Tierkreises, der im Moment der Geburt am Osthorizont aufsteigt.
Die auf dieser Grundlage beruhende seriöse Astrologie gehört zu den ältesten esoterischen Systemen. Ihren Ursprung hat sie wahrscheinlich im alten Babylonien. Schon mindestens 3000 v. Chr. versuchten die Babylonier aufgrund von Himmelsbeobachtungen zuverlässige Kalender aufzustellen, um Jagd und Aussaat zu regeln; sie glaubten, daß die Sterne Götter seien, die alles Leben auf der Erde beeinflussen. Über Ägypten kam die Astrologie zu den Griechen, die die heute noch verbreitetste astrologische Methodik schufen. Der Astronom Ptolemäus schrieb um 140 n.Chr. die umfassendste Darstellung. Bis zum Mittelalter hatte sich die Astrologie über die ganze Welt ausgebreitet, auch bis nach Indien, wo sie von den Hindus übernommen wurde. Im 13. Jahrhundert, um einen bestimmten Zeitpunkt zu wählen, war die Anwendung der Astrologie in politischen und in Familienangelegenheiten eine Selbstverständlichkeit. Die deutschen Kaiser hielten sich Sterndeuter, die Päpste ließen sich von ihnen beraten. Wer ein großes Haus baute, ließ die Zeit der Grundsteinlegung durch den Astrologen bestim-

men, wer Krieg führen wollte, befragte ihn, Reisetermine von Fürsten wurden astrologisch bestimmt, bei Eheschließungen wurde der Stand der Sterne berücksichtigt.

Das astrologische Weltbild entsprach den alten esoterischen Auffassungen: Makrokosmos und Mikrokosmos waren eine Einheit, beseelt durch die Quintessenz, den Weltgeist. Die Sterne wurden im Mittelalter nicht mehr als Götter angesehen, aber sie bildeten das Zwischenreich, über das der universale göttliche Geist die irdischen Dinge erreichte. Deshalb galt auch hier: wie unten so oben.

Aus der Regelmäßigkeit der Sternenbahnen folgerten schon die Griechen, daß das ganze Weltall einer klaren Ordnung entspreche, die nach logischen und mathematischen Gesetzen aufgebaut sei. Der Philosoph und Mathematiker Pythagoras (um 580-500 v.Chr.), gleichzeitig einer der einflußreichsten esoterischen Denker, versuchte, die in der Natur herrschenden Zahlenverhältnisse zu entdecken. Die Welt sah er als gewaltiges Kunstwerk, in dem Himmel und Erde, das Große und Kleinste nach sinnvollen Gesetzen aufeinander abgestimmt sind und überall die gleichen Zahlenverhältnisse zugrundeliegen. Zwischen den Menschen und den Gestirnen bestehen deshalb enge Beziehungen. Pythagoras war vermutlich der erste, der diese harmonische Ordnung als »Kosmos« bezeichnete. Da auch die Musik von mathematisch-harmonischen Gesetzen beherrscht wird, war er davon überzeugt, daß die Himmelskörper bei ihrer Umlaufbahn Klänge von sich geben, die wir aber mit unseren menschlichen Ohren nicht hören. Noch Johannes Kepler, der große Astronom an der Wende zum 17. Jahrhundert, brachte einen Großteil seines Lebens mit dem Versuch zu, die Sphärenharmonie des Pythagoras zu bestätigen. Man sieht, daß frühere Naturwissenschaftler sich mehr darum bemühten, ins Innere der Dinge zu lauschen, eine Fähigkeit, die wir uns erst wieder erwerben müssen.

Aber was kann uns heute die Astrologie bedeuten? In einer Zeit, die kaum mehr an eine Sphärenharmonie oder einen Weltgeist glaubt? Wer sich eingehender mit Astrologie beschäftigt, stößt auf zwei Dinge, die auch den Skeptiker aufhorchen lassen sollten: einmal die Tatsache, daß die Astrologie in die Praxis bekannter Psychotherapeuten Eingang gefunden hat, und zum anderen, daß es auch wissenschaftliche Ergebnisse gibt, nach denen zumindest Teilbereiche der Astrologie mit empirischen Methoden zuverlässig nachgewiesen sind.

Zunächst zum Urteil von Psychologen und Psychotherapeuten. »Ich habe mir selbst das Horoskop in München, in Zürich und im indischen Neu-Delhi stellen lassen« – so der Münchner Psychotherapeut Jürgen vom Scheidt –, »von Menschen, die nichts voneinander wußten, von Menschen aus verschiedenen Kulturen, von zwei Fauen und einem Mann. Die Übereinstimmung ist so verblüffend, daß ich bezweifle, ob meine Kollegen von der Psychodiagnostik mit ihren Testbatterien ähnliche Übereinstimmung im Charakterprofil erzielen würden, geschweige denn, daß sie jemals imstande wären, derart präzise Voraussagen zu machen.«

Auch der bekannte Psychoanalytiker Fritz Riemann (1902-1979) sah die Astrologie in einem ähnlich günstigen Licht. »Ich bekenne es gern, daß ich für meine psychotherapeutische Tätigkeit – und nicht nur für diese – der Astrologie viel verdanke; jeder dafür offene Therapeut oder Berater kann die gleiche Erfahrung machen.«

Fritz Riemann schildert in seinem Buch »Lebenshilfe Astrologie« ausführlich, weshalb die Astrologie in Psychotherapien eine nützliche Hilfe sein kann. Das Universum sieht Riemann in der Tradition der Esoterik als gewaltigen Makroorganismus an, in den die Menschen als Mikroorganismen eingebettet sind. Am organischen Gesamtleben hat der Mensch durch sein Unbewußtes Anteil. Riemann unterscheidet drei Ebenen des Unbewußten: das persönliche Unbewußte, in dem die individuellen Umwelterfahrungen ihren Niederschlag gefunden haben, das kollektive Unbewußte, in dem die Erfahrungen der Menschheit gespeichert sind, und das »kosmische Unbewußte«. Durch das kosmische Unbewußte sind wir mit dem Universum verbunden. In dieser Tiefenschicht unserer Person haben wir an den Rhythmen und Gesetzmäßigkeiten des Weltalls Anteil, ablesbar am Horoskop. So wie es bestimmte Charaktertypen gibt, die teils durch Anlage, teils durch frühe Umwelteinflüsse herausgebildet wurden, so gibt es auch den »Kosmotypus« (dieser Begriff wurde von dem Astrologen Thomas Ring geprägt), und es ist gut zu wissen, zu welchem Kosmotypus man gehört.

Weshalb ist das gut? Fritz Riemann glaubt nicht, daß die Sterne jemandem ein bestimmtes Schicksal aufzwingen. Kaum ein Astrologe glaubt das. Aber Riemann ist davon überzeugt, daß die Erkenntnis dessen, was in uns angelegt ist, unseren Freiheitsspielraum für die Zukunft erweitert. Träume, die nicht gedeutet werden, so sagte ein bekannter Psychologe, sind wie Briefe, die nicht geöffnet werden. »Analog dazu« – so Riemann – »können wir sagen, daß Horoskope, die nicht gedeutet werden, wie eine Botschaft sind, die wir nicht annehmen.« Vielleicht enthält die Botschaft etwas, das wir unbedingt wissen müßten, um einen entscheidenden Schritt weiterzukommen.

Und nun zur Wissenschaft.

Die meisten Skeptiker behaupten rundweg, eine Überprüfung der Astrologie mit wissenschaftlichen Mitteln könne nur zu ihrer Widerlegung führen. Daß dies keineswegs so ist, zeigen die Forschungen der französischen Psychologen Michel und Françoise Gauquelin. Seit den fünfziger Jahren sammelten sie systematisch Geburtsdaten bekannter Persönlichkeiten, deren Biographien sie mit astrologischen Annahmen verglichen. Bislang wurden Hunderttausende von Daten in Zusammenarbeit mit amerikanischen, deutschen und englischen Forschern ausgewertet. Dabei konnte definitiv nachgewiesen werden, daß zwischen einer Reihe von Planetenstellungen und bestimmten Berufsgruppen ein eindeutiger Zusammenhang besteht. Sportler und Ärzte scheinen zum Beispiel unter dem Einfluß des Mars zu stehen, Journalisten unter dem des Jupiter, Wissenschaftler unter dem des Saturn. Einer der international bekannten Kapazitäten auf dem Gebiet der Psychologie, gefürchtet wegen seiner skeptischen Einstellung, Professor Hans-Jürgen Eysenck, hat die Gauquelin-Forschungen überprüft und daraufhin festgestellt: »Die Erkenntnisse sind nicht erklärbar, aber sie sind faktisch vorhanden und lassen sich nicht länger ignorieren (...).

Vielleicht ist die Zeit gekommen, ganz unzweideutig zu erklären, daß soeben eine neue Wissenschaft geboren wird.« Für einen bekannten Skeptiker auf dem Feld der Psychologie ist dies eine bemerkenswerte Feststellung!

## Tarot und I Ging – Die Antwort der Orakel

Irgendwo im geheimnisvollen Osten – so berichtet die Legende – wurde ein Volk von grausamen Barbaren überrannt und seine Kultur mit Stumpf und Stil ausgelöscht. Noch rechtzeitig, bevor auch die Tempel und alten religiösen Kulte vernichtet wurden, setzten sich die Priester zusammen und überlegten, wie sie die Erfahrungen ihres Glaubens für die Nachwelt erhalten könnten. Da hatte einer von ihnen einen Gedanken: man könnte ein Kartenspiel entwerfen, um auf ihm in bildhafter und symbolischer Form die gesamte Lehre festzuhalten. Das Kartenspiel sollte so gestaltet sein, daß es auf den ersten Blick und für jeden, der es dafür halten wollte, eben nur ein Spiel war, für andere, die seine tiefsinnigen Symbole deuten konnten, aber sein esoterisches Geheimnis offenbarte.
Die wirkliche Herkunft der Tarotkarten liegt vollkommen im dunkeln. Aus China soll es stammen, aus Korea, Indien oder Nordafrika. Von Zigeunern sei es eingeführt worden oder von Juden, die es im Rahmen der jüdischen Geheimlehre, der Kabbala, anwandten. Fest steht, daß das Tarotspiel im 14. und 15. Jahrhundert vielfach von der Obrigkeit verboten wurde. Schon damals hatte es wahrscheinlich den zweifelhaften Ruf, eine ketzerische und magische Sache zu sein. Da es vorwiegend zum Wahrsagen verwendet wurde, machte es dem kirchlichen Absolutheitsanspruch Konkurrenz.
Wer heute in einer esoterischen Fachbuchhandlung nach Tarotkarten fragt, wird überrascht sein, wieviele Arten er vorgelegt bekommt. Von naiven Zeichnungen bis zu komplexen symbolischen Darstellungen in Jugendstilmanier gibt es Tarotkarten

in allen Variationen. Viele Karten sind allein künstlerisch schon sehr ansprechend. Immer handelt es sich um 78 Karten, die in 22 »Große Arkana« (Geheimnisse) und 56 »Kleine Arkana« unterteilt sind. Die Großen Arkana haben Bezeichnungen wie »Der Magier«, »Die Hohepriesterin«, »Der Tod«. Die Kleinen Arkana enthalten vier »Farben« (Münzen oder Scheiben, Stäbe, Schwerter und Kelche). Darunter gibt es zehn Zahlenkarten (As und 2 bis 10) und vier »Hofkarten«: König, Königin, Ritter und Prinzessin. Die Karten werden sorgfältig gemischt und nach bestimmten Schemata auf den Tisch gelegt. Dabei werden gezielte Fragen gestellt. Etwa: »Wie sieht meine innere Realität jetzt aus?«, oder: »Wie soll ich mich jetzt verhalten?« Der Reihe nach aufgedeckt, »antworten« die Karten und geben Einblicke, die in der gegebenen Situation weiterhelfen können.
Freilich hängt alles von der richtigen Deutung ab. Ähnlich wie bei psychologischen Testmethoden, bei denen anhand von Bildern auf Charakter oder Einstellung eines Menschen geschlossen wird, kann Tarot bereits auf dieser Ebene vieles zur Selbsterforschung beitragen. Die Führung durch erfahrene Kartenleger/innen oder die Teilnahme an Selbsterfahrungsgruppen, die das Tarotspiel verwenden, ist hierbei eine Hilfe.
Auf einer tiefer liegenden Ebene kann Tarot jedoch auch seinen magischen Charakter entfalten. Weshalb habe ich gerade diese Karten? Für das magische Weltbild gibt es keinen Zufall. Ich habe diese Karten, weil sie meiner Situation und Fragestellung entsprechen und weil sie in der Sprache des Unbewußten Aufschluß über die Hintergründe dieses Augenblicks geben. Ich habe diese Karten, wie ich einen bestimmten symbolischen Traum habe oder ein bestimmtes Horoskop. Alle Dinge hängen zusammen. Um zu erfahren, in welcher Weise sie zusammenhängen und was das für mich bedeutet, befrage ich das Tarotspiel. Hierzu muß man noch nicht einmal annehmen, daß die Tarotkarten mit einer besonderen magischen Energie aufgeladen sind. Manche legen das Tarotspiel nachts unter ihr Kopfkissen, um dessen Schwingungen verstärkt in sich aufzunehmen. Es genügt, davon auszugehen, daß es sinnvolle »Zufälle« gibt (C.G. Jung fand dafür den Ausdruck »Synchronizi-

tät«), die uns mit der Hintergrundswirklichkeit in Beziehung setzen.
Ähnlich wie das Tarot ist auch das chinesische Orakelbuch, das I Ging, ein Mittel der Selbsterfahrung. C.G. Jung befragte es oft und war davon überzeugt, daß bei ihm die »Trefferquote« des I Ging weit über der Zufallswahrscheinlichkeit lag. Dieses an die 4000 Jahre alte Weisheitsbuch, das »Buch der Wandlungen«, gehört zu den wichtigsten Büchern Chinas überhaupt. Philosophie, Religion und Staatskunst in China sind ohne das I Ging nicht denkbar. Der Konfuzianismus wie der Taoismus haben im I Ging ihre gemeinsamen Wurzeln. Der große Lehrer Konfuzius (551-479 v.Chr.) stellte das Buch neu zusammen und verfaßte einen Kommentar dazu. Lange Zeit über war das gesamte chinesische Leben von den Einflüssen des I Ging getränkt. Überall sah man Wahrsager sitzen, die aus dem alten Weisheitsbuch Rat und Auskunft erteilten. Noch im Jahre 1912 gab es an der Universität Peking ein Examen, bei dem Prüflinge drei Tage lang in einem geschlossenen Raum alle Folgerungen ausdeuten mußten, die sich aus einem Hexagramm des I Ging ergaben. Unter den Kommunisten wurde das I Ging allerdings verboten.
Die Verwendung des I Ging versteht man nur auf dem Hintergrund des alten chinesischen Weltbilds. Der Grundbegriff des chinesischen Denkens ist das »Tao«. Das Tao (annäherungsweise übersetzbar als der Weg oder der Sinn) ist die hintergründige Einheit, aus der die Vielheit entsteht und das Weltgesetz, nach dem sich die Wirklichkeit ständig gestaltet, verändert und verwandelt. Der Kosmos ist wie ein Rad, das sich zyklisch dreht und dabei nach festen Gesetzen einen Zustand in den nächsten überführt. Alles verwandelt sich und bleibt sich doch gleich, weil es seine Einheit im Tao hat.
Was aber führt den Wandel herbei, hält das kosmische Rad in Bewegung? Die Kräfte der Bewegung sind das Yin und das Yang. Yin ist das weibliche Prinzip oder der Schatten, Yang das männliche oder das Licht. Nach der Überzeugung der Chinesen ist alle Bewegung, alle Verwandlung aus dem engen Zusammenwirken der beiden Prinzipien zu erklären. Kein Prin-

*Yin und Yang - die Symbole des vollkommenen Gleichgewichts der beiden polaren Kräfte des Universums. Jede trägt in sich den Embryo der anderen Kraft. Deshalb gibt es nichts ausschließlich Männliches oder Weibliches, sondern jedes Prinzip hat den Keim des anderen in seinem Inneren. Durch die wechselseitige Ergänzung beider Prinzipien kommt es zu Bewegung und Veränderung in der Welt. Das Yin-Prinzip wird durch eine unterbrochene Linie dargestellt, das Yang-Prinzip durch eine durchgezogene. Im Orakel des I-Ging werden aus acht Trigrammen (hier rund um das Yin und Yang angeordnet) 64 Hexagramme kombiniert, welche die Gesamtheit aller wirklichen Dinge darstellen. Wer das »Buch der Wandlungen« befragt, welche Bedeutung ein von ihm zusammengestelltes Hexagramm hat, wird erfahren, in welchem Verhältnis Yin und Yang auf sein gegenwärtiges Leben Einfluß nehmen.*

zip kann ohne das andere sein, keines ist wichtiger als das andere, eines ist im anderen enthalten.
An dieser Stelle setzt das I Ging an. Jeder kosmische Augenblick ist ein Schritt auf dem Weg des Tao, eine Drehung des kosmischen Rades. Jeder Moment, also auch der Zeitpunkt, zu dem jemand das I Ging befragt, ist deshalb aus einer bestimmten Kombination der beiden Bewegungsprinzipien Yin und Yang zu erklären. Wenn es gelingt, diese augenblickliche Kombination sichtbar zu machen, sie ins Bewußtsein zu heben, dann weiß der Frager, welche Konstellation in dieser Stunde die herrschende ist. Gleichzeitig erkennt er die Keime der sich daraus entwickelnden Zukunft und kann sich so in sinnvoller Weise an die sich entfaltenden Gegebenheiten anpassen.
Ein Mensch stellt also eine Frage: Was soll ich tun? Mit Hilfe von Schafgarbenstengeln, Bambusstäbchen oder geworfenen Münzen werden nach dem »Zufallsverfahren« die Kombinationen der Yin- und Yang-Kräfte ermittelt, die diesen Augenblick beherrschen. Yang wird durch einen durchgezogenen, Yin durch einen unterbrochenen Strich symbolisiert. Werden diese »zufällig« ermittelten Kombinationen in Form von Hexagrammen (Sechser-Gruppierungen) zusammengestellt, so ergeben sich insgesamt 64 verschiedene Möglichkeiten, die alle kosmischen Situationen wiedergeben. Die Bedeutungen werden im »Buch der Wandlungen« nachgeschlagen und auf die eigene Lebenslage hin interpretiert.
I Ging wäre nichts weiter als eine psychologische Technik, wenn nicht auch hier das magische Weltbild zugrunde läge. Das Tao ist in allem, es verknüpft Makrokosmos und Mikrokosmos. Was ich mit Hilfe einer augenblicklichen materiellen Konstellation symbolisch erkenne, das gibt Aufschluß über das Große und das Kleine, über meine Innenwelt und die Außenwelt. Es ermöglicht mir, mein Leben souveräner zu gestalten, weil ich verstehe, wie mein Leben mit dem kosmischen Gesetz zusammenhängt.

## Wünschelrute und Pendel – Direktkontakt mit dem Unbewußten

Ähnlich wie Tarotkarten oder die Schafgarbenstengel des I Ging sind auch Wünschelruten und Pendel »psychometrische Objekte«, die uns mit Bereichen in Verbindung setzen, die auf andere Weise unzugänglich wären. »Psychometrie« heißt soviel wie »Seelenmessung«. Vermittels eines materiellen Objekts wird registriert, was in der Seele vor sich geht. Setzen wir voraus, daß die Psyche Anteil an einem allgemeinmenschlichen Seelenfeld hat, ja in ihren tiefsten Bezirken mit dem Kosmos identisch ist, so registriert das psychometrische Objekt nicht nur Impulse des individuellen Unbewußten, sondern auch Zustände der Außenwelt, ja des Kosmos.

Von dieser Überzeugung geht auch die Radiästhesie aus, das sogenannte »Muten« vermittels einer Wünschelrute oder eines Pendels. Mit einem gegabelten Haselnußzweig oder mit anders konstruierten Ruten suchen die »Rutengänger« in erster Linie nach verborgenen »Reizzonen« in der Erde, zum Beispiel Wasseradern, Erz- oder Öllagern. Daß sie dabei erfolgreich sind, unterliegt keinem Zweifel. Im Auftrag des Bundesforschungsministeriums hat eine Studie der Universität München dieses Phänomen nachgewiesen. Jeder, der sich fachkundig damit beschäftigt, wird feststellen, daß die Wünschelrute »funktioniert«. Im Vietnam-Krieg wurde sie zum Aufspüren unterirdischer militärischer Verstecke eingesetzt. Die Gesellschaft für Technische Zusammenarbeit (GTZ) in Frankfurt beschäftigt einen hervorragenden Rutengänger, der in der Dritten Welt auch dort noch Wasserreservoirs aufspürt, wo alle sonstigen Registriermethoden versagen.

Natürlich könnte es sich beim Ausschlagen der Wünschelrute um ein rein physikalisches Phänomen handeln. Bisher wurden aber noch keinerlei Einflüsse gemessen, die damit in Verbindung gebracht werden könnten. Die Rutengänger selbst sprechen von Erdstrahlen oder auch der »odischen Kraft«. Sie vertreten den Gedanken einer kosmischen Energie, der sehr nahe an die Vorstellung von der Quintessenz herankommt.

Ähnlich sieht es bei der Pendeltechnik aus. Es reicht, an einem Zwirnsfaden ein kleines Gewicht zu befestigen, das freie Ende zwischen Daumen und Zeigefinger zu nehmen und die Hand völlig ruhig zu halten. Stellt man dann eine Frage, über deren Antwort man sich noch nicht schlüssig ist, so wird man feststellen, daß das Pendel langsam in Schwingung gerät. Natürlich muß man vorher festlegen, welche Bewegungsrichtung welche Bedeutung hat, zum Beispiel rechts im Kreis herum »Ja« und links im Kreis herum »Nein«.

Das »Muten« mit dem Pendel wird von seinen Anhängern für eine Vielzahl von Zwecken benutzt: zum Aufspüren vermißter Personen über einer Landkarte, zur Untersuchung von Nahrungsmitteln, im landwirtschaftlichen Bereich, zur Charakter- oder Partnerschaftsdiagnose oder als Lügendetektor. Eindrucksvoll sind die Erfolge des Pendelns zu diagnostischen Zwecken in der Medizin. Welches Organ ist erkrankt? Manche Homöopathen pendeln die Verträglichkeit und Dosierung ihrer Medikamente aus.

Die Bewegungen des Pendels und wahrscheinlich auch der Wünschelrute gehören in den Bereich der sogenannten »psychischen Automatismen«. Die Parapsychologie hat die damit zusammenhängenden Phänomene gut erforscht. Beim »automatischen Schreiben« oder beim »automatischen Malen« werden von einem Medium in Trance ohne Beteiligung des Bewußtseins Texte oder Bilder produziert, meist mit enormer Geschwindigkeit und wie unter Zwang. Ganze Bücher und beeindruckende Gemälde sind so entstanden. Psychische Automatismen ähneln hypnotischen Zuständen. Auch in Hypnose sind viele zu erstaunlichen Leistungen in der Lage, die ihnen im Wachbewußtsein nie gelingen würden.

Wünschelrute und Pendel wie auch Stift oder Pinsel werden bei diesen Automatismen zu »Steigrohren des Unbewußten«, sie überlisten das bewußte Ich und setzen Fähigkeiten frei, die aus einer anderen Wirklichkeit stammen.

# Handlesekunst – Linien und Muster des Schicksals

Aus der magischen Wahrsagetechnik der Chiromantie entstanden, ist die Handlesekunst (Chirologie) heute in erster Linie ein Mittel zur Charakter- und Krankheitsdiagnostik, aber auch eine Methode der Selbsterfahrung. Graf Dürckheim, Philosoph, Zen-Lehrer und Begründer der »Initiatischen Therapie«, betrachtet die Handlesekunst als ein wichtiges Mittel zur Lebensgestaltung. Im Sinne Platons sieht er im Individuum die leibhafte Verkörperung der allgemeinen Idee des Menschen. »Jedem Menschen ist aus der Besonderheit seines Wesens ein ganz bestimmter Lebensweg gewiesen, auf dem er in seiner ganz individuellen Weise der allgemeinen Bestimmung des Menschen zu genügen hat.« Diese Bestimmung, der Sinn eines jeden Einzellebens, drückt sich – so Dürckheim – in der Hand des Menschen aus.

Zugrunde liegt die esoterische und magische Entsprechungslehre: Die Hand entspricht dem ganzen Körper, der Körper entspricht der Seele und die Seele der überzeitlichen Idee. Wie unten so oben! Wie das Teil, so das Ganze! Daher ist die Handlesekunst seit alters her eng mit der Astrologie verbunden. Dabei werden die »Häuser« des Horoskops mit bestimmten Handarealen gleichgesetzt.

Die meisten Chirologen deuten die Linke im Sinne angeborener Persönlichkeitsmerkmale, die Rechte als Träger der erworbenen und individuellen Möglichkeiten (bei Linkshändern umgekehrt). Es werden nicht nur die Linien gedeutet, sondern auch die »Berge« (z.B. die Handballen), die Gesamtbeschaffenheit der Hand, die Struktur der Finger.

Daß die Hand als eine Landkarte unserer Lebensreise betrachtet werden kann, wird einsichtig, wenn man sich die Unverwechselbarkeit der Handmuster vor Augen führt. Das kriminalistische Verfahren des Fingerabdrucks beruht darauf. Es gibt – auch bei eineiigen Zwillingen – nicht einen einzigen Fall, in dem sich die Handmuster gleichen. Die Handmuster ändern sich das ganze Leben nicht mehr. Selbst nach schweren Verbrennungen erscheinen sie wieder, wenn sich die Haut neu bildet, und sie brechen sogar nach Hautverpflanzungen wieder durch. Auch der Zusammenhang zwischen Handmuster und Persönlichkeit wurde in Einzelbereichen wissenschaftlich überprüft. So ist erwiesen, daß der auf eine Mißbildung der Chromosomen zurückgehende Mongoloismus die sogenannte Affenfalte ausbildet, die quer über den oberen Teil der Handfläche verläuft. Es liegt auch eine Anzahl solider Untersuchungen über den Zusammenhang von Krankheit und Handmuster vor. Wer sich selbst also besser verstehen möchte, wem es wichtig ist, sich als ganzer Mensch in dieser Welt zu entfalten, für den kann die Hand ein wichtiges Mittel der Selbsterkenntnis werden.

## Kabbala – Der Baum des Lebens

Als nach der Gründung des Staates Israel die Juden aus dem Jemen (arabische Halbinsel) mit Flugzeugen in Tel Aviv ankamen, hatten sie fast keinerlei Hab und Gut bei sich. Sie waren arm, und was sie besaßen, mußten sie zurücklassen. Aber unter den wenigen Habseligkeiten, von denen sie sich nicht trennen wollten, war bei vielen von ihnen der »Sohar«, das »Buch des Glanzes«, die Quelle der Kabbala.

Die Kabbala ist die esoterische Lehre des Judentums. Sie wurde über Jahrhunderte in Tempeln und Synagogen mündlich überliefert und im 13. Jahrhundert im »Buch des Glanzes« niedergeschrieben. Weit über das Judentum hinaus ist die Kabbala gegenwärtig ein von vielen beschrittener spiritueller Weg. Gruppen in den USA und in Europa versuchen, das Wissen der Kabbala fruchtbar zu machen und für die persönliche Selbstentfaltung zu nutzen.

Die Welt ist eine Ausstrahlung des göttlichen Lichtes, so lehrt die Kabbala. In zehn Strahlen (den »Sephirot«) bildet sich die Welt aus dem Geist Gottes. Diese Urkräfte sind die Grundlage aller Dinge. Wer sie versteht, weiß um das Geheimnis des Seins.

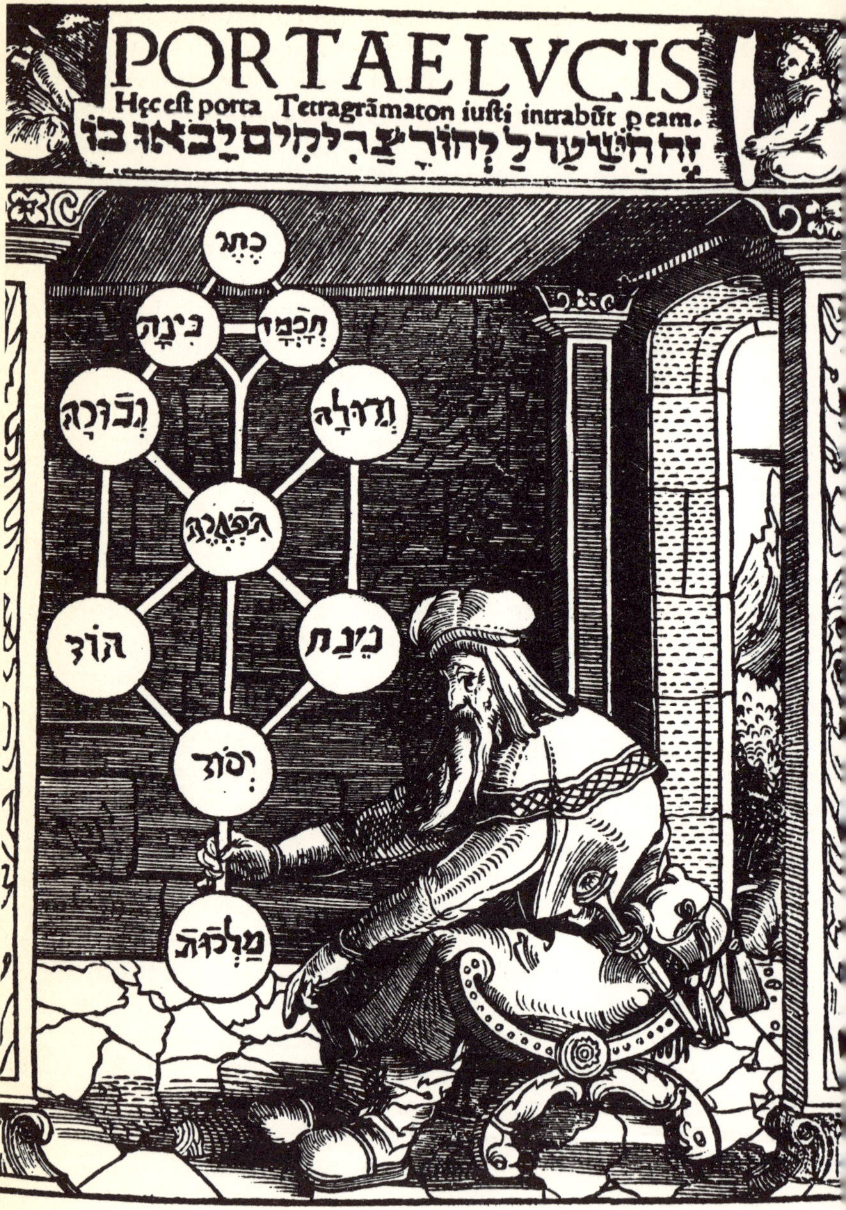
PORTAE LVCIS
Hęc est porta Tetragrãmaton iusti intrabũt p eam.
זה השער ליהוה צדיקים יבאו בו
כתר
בינה
חכמה
גבורה
גדולה
תפארת
הוד
נצח
יסוד
מלכות

Dargestellt wird die Wirksamkeit der zehn »Sephirot« im »Baum des Lebens«. Dieser Baum – eine Art Diagramm, in dem die zehn Sephirot und ihre Beziehungen untereinander verdeutlicht werden – symbolisiert den kosmischen Weltzusammenhang. Hier erscheinen der Makrokosmos und der Mikrokosmos, das Göttliche und das Menschliche und es wird deutlich, wie sie miteinander verbunden sind. Der Kabbalist bemüht sich, diese Zusammenhänge zu erkennen und damit seine eigene Rolle und seinen Lebenszweck zu verstehen.
Welchen Sinn das menschliche Leben nach den Lehren der Kabbala hat, wird deutlicher, wenn man den Baum des Lebens genauer betrachtet. Die Spitze des Baumes nimmt »Kether« ein, die Krone, das höchste erfaßbare Weltprinzip. An der Basis des Baumes liegt »Malchut«, der Bereich der dunklen Materie. Die rechte und die linke Achse bilden drei »weibliche« und drei »männliche« Sephirot, die aufeinander bezogen sind. Sie erinnern an das chinesische Yin und Yang: das kosmische Prinzip der Gegensätzlichkeit. Der Baum des Lebens weist sieben übereinander angeordnete Ebenen auf, die als hierarchische Verbindung des »Unteren« mit dem »Oberen« anzusehen sind, nach dem Grundsatz: wie unten so oben.
Wohin führt nun der Weg des Kabbalisten? Schmerzlich ist ihm bewußt, daß er – solange er auf den untersten Ebenen des Lebensbaums verharrt – von Gott, seinem Ursprung, getrennt

◀

*Der Baum des Lebens nach einer Darstellung aus dem frühen 16. Jahrhundert. Die auf der rechten Säule angeordneten Kreise (es sind die göttlichen Strahlen, die »Sephirot«) symbolisieren weibliche, die links angeordneten männliche Prinzipien. Rechts stehen »Inspiration«, »Mitgefühl«, »Instinkt«, links »Verstand«, »Urteilskraft«, »Klarheit«. In der Mitte des Baumes kommen beide Prinzipien zum Ausgleich. Der hier angeordnete Sephirot symbolisiert das wahre Selbst, das Prinzip, auf das alles Schöne und Vollkommene zustrebt. Seinen Gipfel hat der Baum des Lebens in »Kether«, der Krone, der höchsten geistigen und ideellen Wesenheit, zu der der Weise aufsteigt. (aus: Paulus Ricius, Porta Lucis, Augsburg, 1516.)*

bleibt. Seine Bemühungen sind darauf gerichtet, die Trennung aufzuheben, indem er die Ebenen des Lebensbaumes hinaufsteigt. Der Kabbalist verfolgt also ein ganz ähnliches Ziel wie zum Beispiel der Yogi, der nach der Wiedervereinigung mit dem Absoluten strebt.

Interessanterweise weisen die sieben Ebenen des Lebensbaumes genaue Parallelen mit den sieben Chakren, den Energiezentren im Yoga auf. Kether, die Krone, entspricht dem »Tausendblättrigen Lotus«, dem in der Höhe der Stirn gelegenen Scheitel-Chakra. Wenn sich der »Tausendblättrige Lotus« entfaltet, erlebt man ein intensives, strahlendes Licht. Von diesem Licht sprechen alle Mystiker. Menschen, die ein Nah-Tod-Erlebnis hatten (siehe S. 123 ff.), berichten von ihm. Die Kabbalisten sagen, daß es von der Krone ausstrahlt und in der Meditation erfahren werden kann. Eine bemerkenswerte Übereinstimmung!

Charakteristisch für die Kabbala ist jedoch nicht nur das persönliche Bemühen um Erleuchtung und um Vervollkommnung. Es geht ihr auch um den menschlichen Evolutionsprozeß, darum, den allgemeinen Bewußtseinszustand der Menschheit anzuheben. Durch die Bemühung der Kabbalisten soll die Wiedervereinigung des Menschlichen mit dem Göttlichen am Ende der Evolutionsgeschichte herbeigeführt werden.

Früher hatte die sogenannte »praktische Kabbala« oft einen ausgesprochen okkulten Bezug. Die Magier des Mittelalters waren oft Kabbalisten. Auf der Grundlage einer komplizierten Spekulation mit Zahlen (der sogenannten »Zahlenmystik«, auf der die heute noch verbreitete »Numerologie« aufbaut), versuchte man beispielsweise Voraussagen zu treffen oder Zauberei auszuüben.

Heute liegt die Bedeutung der Kabbala, wie die der Esoterik überhaupt, mehr in ihrem Wert für die Selbsterfahrung. Sie verlangt eine gründliche Auseinandersetzung mit der eigenen Persönlichkeit und ihren spirituellen Aspekten. Unter Anleitung eines Lehrers üben kabbalistische Gruppen Rituale, Meditationen und Andachten aus, bei denen der Baum des Lebens oft eine wichtige Rolle spielt. Großen Wert legt die praktizierte Kabbala auf eine bewußte Lebensführung, die das Ziel der Rückkehr zur Einheit mit Gott zu keinem Zeitpunkt vergißt.

## Edelsteine – Kraft, die uns hilft und heilt

Steine hatten in fast allen frühen Kulturen eine magische und religiöse Bedeutung. Für unsere Vorfahren waren sie nichts Totes, sondern von okkulten Kräften beseelt. Meteore genossen besondere Verehrung. In der Bretagne finden wir die »Menhire«, hochaufgerichtete Steine, denen die Kelten göttliche Kräfte zuschrieben. Der noch heute den Mittelpunkt des Islam bildende »Schwarze Stein« der Kaaba, der heiligen Moschee in Mekka, geht auf einen in vorislamischer Zeit in ganz Arabien verbreiteten Steinkult zurück.

Auch gegenwärtig sind viele Menschen davon überzeugt, daß von Steinen besondere Kräfte ausgehen. Die englische Heilerin Daya Sarai Chocron, die in Kursen und Büchern Wissen über die geheimnisvollen Kräfte der Steine weitergibt, drückt es so aus: »Die Steine sind wichtige Wesenheiten: lebendig, atmend, in Verbindung miteinander wirkend, Energie abstrahlend, leuchtend, pulsierend. Sie geben Schwingungen und Frequenzen ab, die sehr machtvolle Auswirkungen auf unser ganzes Wesen haben können, wenn sie zum Heilen, zur Transformation, zum Ausgleich und zur Einstimmung von Leib, Seele und Geist eingesetzt werden.«

Zugrunde liegt dieser Auffassung das esoterische Prinzip: »Wie unten so oben«. Steine sind demnach eine Manifestation der Quintessenz, des kosmischen Urstoffs und daher im Innersten mit uns verwandt. Besonders gilt das für die Edelsteine. Ihre Form, ihr Aufbau und ihre Farbe – so glauben die Vertreter der Edelsteinmagie – sind die Quelle wirksamer Kräfte und Schwingungen. Solche Steine können zur Meditation dienen, als Mittelpunkt von Ritualen und insbesondere zur Heilung von Krankheiten.

Ein Edelstein-Ritual von Daya Chocron: »Während des Vollmondes ist eine günstige Zeit für die Durchführung einer kleinen Kristall-Zeremonie. Es handelt sich hierbei um eine indianische Tradition, die ich gelernt habe und sehr gerne praktiziere. Beim Aufgang des Vollmondes geht man auf einen kleinen Hügel und nimmt den Kristall mit, der auf Blättern oder Kräutern – wie Zeder oder Salbei – in einer Schale oder auf einer Platte liegt. Verbrenne dann die Kräuter als Rauchopfer und weihe den Kristall unter Singen, Beten und Danksagen dem Mond. Dann nimm den Kristall und richte seine Strahlen auf deinen eigenen Körper und auf deine Begleiter. Der Bergkristall ist nun voll geladen mit dem Licht und der Kraft des Mondes.«

Auf eine uralte Tradition kann die *Heilung* mit Edelsteinen zurückblicken. Große Beachtung erfährt gegenwärtig wieder die Edelsteinmedizin der heiligen Hildegard von Bingen. Wie die Mystikerin des 12. Jahrhunderts nehmen auch heute viele Esoteriker verborgene Beziehungen zwischen bestimmten Krankheiten und einzelnen Edelsteinen an, die sich in der Therapie praktisch überprüfen lassen.

Daya Chocron beschreibt ihre Behandlungsmethode: »Zuerst verbinde ich mich mit dem Patienten durch eine gemeinsame Atem-Meditation. Dann spreche ich von unserer Verbundenheit mit der Mutter Erde. Ich bitte den Patienten alles loszulassen: Gedanken, Vorstellungen, Einbildungen – und zum aufgeschlossenen Empfänger heilender Energien zu werden.« Nach einer beruhigenden Massage überprüft Daya Chocron mit einem Kristall-Pendel die Chakren des Patienten auf energetische Blockaden, die Ursache der Erkrankung sein können. Nun wählt sie intuitiv die benötigten Edelsteine aus, wäscht sie, trocknet sie ab und legt sie auf den Körper des Patienten, zuletzt aufs Gesicht und das dritte Auge bzw. Stirn-Chakra (das spirituelle Zentrum des Menschen). Etwa 20 bis 30 Minuten bleiben die Steine so liegen. Viele erleben währenddessen tiefe Meditationszustände und Visionen, die sie mit ihrem höheren Selbst in Verbindung bringen.

## Feuerlauf – Der Geist beherrscht den Körper

Eine 50jährige Hausfrau in hochgekrempelten Jeans unterzieht sich der Feuerprobe. Einen kleinen Moment scheint sie zu zögern, dann überwindet sie sich und nimmt das Wagnis auf sich: mit nackten Füßen schreitet sie tapfer über den vor ihr liegenden Glutteppich. Den fürsorglich bereitgestellten Kaltwassereimer am Ende des sieben Meter langen Teppichs benötigt sie nicht. Ein Blick auf die Fußsohlen zeigt, daß keine Brandblase, nicht einmal eine leichte Rötung zu sehen ist. Und das bei 700 Grad Celsius!

Immer mehr Menschen in der Bundesrepublik besuchen Feuerlaufseminare. Was fasziniert sie an dem Gedanken, barfuß über glühende Kohlen zu gehen? »Ich bin heute zum ersten Mal richtig stolz auf mich«, antwortet jene 50jährige Hausfrau. »Nachdem ich übers Feuer gegangen bin, traue ich mir zu, auch meine Alltagsprobleme zu lösen.« Andere sprechen von der Erschließung einer neuen Dimension, von der Festigung der Glaubensstärke, der Überwindung von Angst und der Steigerung von Selbstvertrauen.

Tatsächlich ist der Feuerlauf, dort wo er als ein ernsthaftes esoterisches Ritual durchgeführt wird, keine Zirkusnummer zur Volksbelustigung. Der Feuerlauf hat als kultische Übung indischer Yogis eine alte Tradition. Deshalb werden die Feuergänge auch heute mit intensiven meditativen Übungen verbunden. Niemand wird ohne Vorbereitung auf die glühenden Kohlen geschickt. Wenn es dann soweit ist, hat man sich bereits über viele Stunden mit sich selbst, seiner Einstellung zum Leben, zur Natur und zur Transzendenz auseinandergesetzt. Man erhält Unterstützung durch die Gruppe, und es entsteht eine intensive Atmosphäre der Zuversicht und des Vertrauens. Und dennoch bleibt irgendwo der Gedanke: es ist eigentlich unmöglich. Und dann geht es doch. Wie sommerliches Barfußlaufen über eine Wiese!

Es ist kein Wunder, daß manche Teilnehmer nach dem Feuerlauf neu über die Grenzen des materialistischen Weltbildes

nachzudenken beginnen und über den Sieg des Geistes über den Körper. Dabei ist die erstaunliche Fähigkeit des Geistes, den Körper zu beeinflussen, ja zu beherrschen, an zahllosen Beispielen leicht aufzuzeigen.
Noch eindrucksvoller als die Feuerläufer demonstrieren Yogis und Fakire unter kontrollierten Bedingungen, daß sie die Schmerzzentren ausschalten können. In Zusammenarbeit mit der Deutschen Forschungsgemeinschaft (DFG) untersuchte ein Wissenschaftlerteam an der Universität Tübingen den Fakir Ben Ghou Bey. Dieser stieß sich unter anderem einen Degen durch die Zunge. Mit Kontrollgeräten, die seine körperlichen Reaktionen aufzeichneten, konnte gezeigt werden, daß er dabei keine Schmerzen empfand. Nach Abschluß der Untersuchung meinte einer der Wissenschaftler: »Phantastisch! Ben Ghou ist in der Lage, die Durchblutung an bestimmten Stellen zu stoppen. Er stellt dazu seine Körpergefäße ganz eng und erreicht damit, daß kein Blut fließt.« Könnten beim Feuerlauf nicht ähnliche Reaktionen eine Rolle spielen?
Auch umgekehrt geht es: Schmerzen und Verletzungen können durch die Kraft des Geistes verhindert, sie können aber auch hervorgerufen werden. Bei einem bekannten Hypnoseexperiment bekommt ein Hypnotisierter eine Münze auf die Handfläche gelegt. Dabei wird ihm suggeriert, die Münze sei glühend heiß. Mit einem Aufschrei läßt die Versuchsperson die Münze fallen, und wo sie gelegen hat, bildet sich eine Brandblase. Ganz offensichtlich sind unsere Gedanken und Vorstellungen starke Kräfte. Der Geist ist der König, der Körper nur sein Knecht. Beim Feuerlauf kann jeder selbst diese Erfahrung machen.

## Hexen –
## Naturreligion der großen Göttin

Die ganzheitliche Weltauffassung, die dem spirituellen und esoterischen Denken zugrunde liegt, prägt auch das damit verbundene Menschenbild. Nehmen wir zum Beispiel das chinesische Symbol des Yang und Yin, in dem ein weißes und ein schwarzes

Kreissegment zu einer unlösbaren Einheit verbunden sind. Der Yang-Aspekt verkörpert unsere männliche, die aktive, rationale, kämpferische Seite. Der Yin-Aspekt entspricht unserem weiblichen, dem nachgiebigen, intuitiven, kooperativen, mystischen Teil. Erst beide Teile zusammen ergeben den ganzen Menschen, und alle, ob Männer oder Frauen, haben beide Teile in sich. Allerdings wurden in unserer jahrtausendealten patriarchalischen Kultur die Yang-Werte, also der männliche Aspekt, einseitig überbetont.
Unter dem Gesichtspunkt des neuen, ganzheitlichen Menschenbildes ist auch die »Hexenbewegung« zu verstehen. Sie kam als esoterische Strömung aus den angelsächsischen Ländern und ist in den letzten Jahren eine Verbindung mit dem Feminismus eingegangen. Die meisten Anhängerinnen des neuen Hexenkultes stammen aus der Frauenbewegung, viele vertreten eine sowohl esoterische als auch emanzipatorische Sicht.
»Zittert, zittert, die Hexen sind wieder da!« riefen 1977 die Teilnehmerinnen einer großen Frauendemonstration in Rom, die sich gegen das allzu milde Gerichtsurteil in einem spektakulären Vergewaltigungsprozeß richtete. Die deutsche Frauenbewegung nahm das Thema rasch auf. In der Nacht zum 1. Mai (der Walpurgisnacht) fanden 1977 und 1978 auch in Deutschland Demonstrationen statt. Auf Plakaten stand: »Die Frauen erobern die Nacht zurück.« Die Angst vor Dunkelheit und vor der Gewalt der Männer sollte ein Ende haben.
Dieser teilweise kämpferische und provokative Unterton der Hexenbewegung entspringt einem feministischen Selbstbewußtsein, das gerade durch die Vorstellung, eine »Hexe« zu sein, gefördert wird. Denn die Hexen des Mittelalters, so glauben ihre heutigen Anhängerinnen, waren durchaus keine häßlichen und bösartigen Zauberinnen, sondern weise Frauen, Schamaninnen und Heilerinnen. Sie standen in einer besonders engen Verbindung zur Natur und waren in der Lage, die Urenergie in allen Dingen wahrzunehmen, um sie zum Nutzen der Menschheit einzusetzen.
Nach Ansicht der neuen Hexen erklären sich die großen Verfolgungen des späten Mittelalters und der frühen Neuzeit da-

raus, daß diese schamanistische Naturverbundenheit der Hexen eine weit ältere Wurzel hatte als das Christentum. Und auch gegenwärtig versteht sich der moderne Hexenkult als eine Naturreligion der großen Göttin. Alle Rituale, Beschwörungen, Tänze und Meditationen basieren auf dieser naturreligiösen Auffassung. Bei Reisen zu alten Kultplätzen, bei der Feier der Walpurgisnacht, auf Seminaren, Workshops und in magischen Zirkeln wird mit den Urkräften der Natur Kontakt aufgenommen, und es wird versucht, sie für die Selbstentfaltung und die Heilung der Menschheit einzusetzen.

Die in Kalifornien lebende Hexe Zsuzsanna Budapest drückt es so aus: »Ein neues Zeitalter ist angebrochen. Wir kommen als Gleiche zusammen, als Seele, und wir erschaffen etwas, das uns alle ernährt... Wir brauchen keine Tempel dafür. Wir stellen uns unter einen Baum – das ist unsere Göttin.« Besonders in politischer Hinsicht setzt Zsuzsanna Budapest eindeutige Akzente: »Es wäre eine gute Sache, wenn sich alle Frauen solidarisierten und sich, sagen wir, fünf Jahre lang weigerten, Kinder zu bekommen. Wenn sie sagten, wir bringen kein neues Leben zur Welt, bis jeder Friedensvertrag unterzeichnet, bis die totale Abrüstung eingeleitet, bis die Umwelt sauber ist. Frauen hätten diese göttliche Macht. Es ist ihnen bloß nicht bewußt.«

Die Aktivität der neuen Hexen richtet sich also gegen eine männlich beherrschte Welt, in der weibliche Charakterqualitäten und weibliche Spiritualität systematisch unterdrückt werden. Wenn aber das Ziel der menschlichen Entwicklung in der Ganzwerdung liegt, so muß sich Männliches und Weibliches zu einer sich ergänzenden Einheit verbinden.

## Gefahren und Abwege

Darf man sich eigentlich darüber wundern, daß auch die Esoterik vermarktet wird? In einer Gesellschaft und einer Wirtschaftsform, in der so viele an Geld, Umsatz und Profit interessiert sind, wird alles in bare Münze umgesetzt, wenn sich nur

ein Käufer findet: Der Esoterik geht es nicht anders. Da lese ich im Anzeigenteil einschlägiger Zeitschriften: »Wollen Sie Millionär werden?« Der »Astro-Dienst« bietet eine »alternative, medial orientierte Spielgemeinschaft« an, die das todsichere Lotto-Erfolgssystem gefunden hat. – »3000 DM und mehr Einkommen erzielen Sie als Kartoman/in«, also als Tarotkartenleger/in. Eine esoterische Schule bietet ein Fernstudium mit Diplom-Abschluß an. Immer wieder werden magische Leistungen angepriesen: magische Partnerzusammenführung mit Erfolgsgarantie! Aber auch das Gegenteil: »Trennungen, magische Angriffe. Wir helfen Ihnen.« Diskretion wird garantiert, und das wird auch nötig sein, sollte man einmal mit dem Gesetz in Konflikt kommen.
Nicht nur in esoterischen Zeitschriften finden sich unseriöse Angebote. Wenn man sich das Werbe- und Prospektmaterial verschiedener Institute und Gruppen der sogenannten »Esoterik- Szene« durchsieht, läßt vieles, vielleicht das meiste auf einen seriösen Hintergrund schließen. Oft sind es die einfach aufgemachten, hektographierten Prospekte, manchmal mit einem handschriftlichen Begleitbrief versehen, die anzeigen, daß hier eine Gruppe am Werk ist, bei der wirklich ein neuer Geist weht. Werden Meditations- oder Tarotkurse nahezu zum Selbstkostenpreis ausgeschrieben, so ist auch dies kein schlechtes Zeichen.
Ganz anders ein Beispiel aus München: Da bietet eine Wahrsagerin, zum Teil auf Hochglanzpapier, »esoterische Direkt- und Fernseminare« an. Nach allen Regeln der Verkaufstechnik werden Interessenten geworben. Denn: »Wahrsagen ist ein Beruf mit ausgezeichneten Verdienstmöglichkeiten.« Die Kursleiterin preist sich als »eine der erfolgreichsten und bekanntesten Wahrsagerinnen Europas« an. Pressematerial liegt bei, – aus der »Bild«-Zeitung, aus »Bild der Frau« und der österreichischen »Kronen-Zeitung« (einem »Bild«-Pendant). Und nun die Preise: Ein Wochenendkurs in Tarot kostet 1.500 DM! Für ein Doppelwochenende im Handlesen verlangt die Wahrsagerin 2.200 DM. Wer alle Kurse belegt, bezahlt (»Sie sparen 700 DM«) »nur« 8.500 DM! Bei solchen Preisen muß dann natürlich

das Unmögliche versprochen werden: der Unterricht »garantiert Ihnen einen erfolgreichen Abschluß, der Sie in die Lage versetzt, Ihre eigene Zukunft und die anderer Menschen vorauszusehen«. Selbst wenn es die Möglichkeit gäbe, sich paranormale Fähigkeiten gewissermaßen im Schnellverfahren anzueignen, so könnte doch niemals garantiert werden, daß jeder, der sich darum bemüht, auch erfolgreich ist. Paranormale Fähigkeiten sind nicht für jeden erlernbar, und Geldgier ist nicht unbedingt ein geeignetes Motiv, um sie zu erlangen.

Wenn von Gefahren der Esoterik die Rede ist, so muß also vor allem der Trend zur Kommerzialisierung beachtet werden. Bevor man Geld für eine als esoterisch angebotene Dienstleistung ausgibt, prüfe man genau, mit wem man es zu tun hat.

Gefährlicher noch als der »esoterische« Kommerz, bei dem man in erster Linie sein Geld verlieren kann, sind allerdings die Gefahren, die aus unserer eigenen Seele aufsteigen. Hier kann man seinen Verstand verlieren.

Als ich mich zu einem längeren Gespräch im Freiburger »Institut für Grenzgebiete der Psychologie« aufhielt, dem Institut des Parapsychologen Professor Bender, klingelte immer wieder das Telefon. Es meldeten sich Hilfesuchende, wie dies täglich in Freiburg geschieht. Sie hatten sich mit esoterischen Praktiken beschäftigt und den Faden zur Wirklichkeit verloren. Nun litten sie unter großen Ängsten. Sie hatten an Zirkeln teilgenommen, in denen »Gläser gerückt« wurden, sie fühlten sich verfolgt, von Geistern oder den magischen Angriffen anderer Menschen, oder sie standen unter dem Zwang, alles auszupendeln: jeden Bissen, den sie aßen, jeden Körperteil auf der Suche nach Krankheiten, jeden anderen Menschen, ob er für sie Glück oder Unglück bringen würde. Manche dachten an Selbstmord. Von Morden und Selbstmorden im Zusammenhang mit falsch verstandener Esoterik wird zur Zeit öfters in der Presse berichtet. Es gibt also einen ernstzunehmenden okkulten Wahnsinn; gefährdet sind vor allem labile Menschen. Professor Bender nennt die seelische Krankheit, unter der solche Menschen leiden, »mediumistische Psychose«.

Unter psychotischen Störungen leiden möglicherweise auch

Menschen, die »Satanskulte« ausüben. 1988 hatte sich der Sektenführer eines »Thelema-Ordens« vor dem Landgericht Lüneburg wegen Vergewaltigung und Mißhandlung einer jungen Frau zu verantworten. »Abtei Thelema« nannte sich in den zwanziger Jahren auch der Zirkel des drogenabhängigen Magiers Aleister Crowley (1875-1947) auf Sizilien, auf den sich die meisten Satanisten heute berufen. Esoterisch verbrämt ließ Crowley seinen sexuellen Komplexen freien Lauf und hielt sich für den Antichrist. Sein Wahlspruch: »Tu, was du willst!«
Der von Crowley ausgehende Satanismus ist in den letzten Jahren auch zum größten Geschäft in der Unterhaltungsmusik geworden. Hard-Rock-Bands vollziehen bizarre Rituale oder singen gotteslästerliche Texte. Rückwärts abgespielt, enthalten ihre Platten gelegentlich eine »Teufelsbotschaft«. Manchmal weist schon der Gruppennahme auf den Satanismus hin, zum Beispiel bei der Gruppe »AC/DC« (Antichrist/Death to Christ) oder bei »KISS« (Kings in Satanic Service).
Der Erfolg »satanistischer« Rockgruppen hängt mit dem verbreiteten Interesse von Jugendlichen am Okkultismus zusammen. Eine Gesellschaft, die eine spirituelle oder religiöse Sinndeutung kaum noch zuläßt, weil sie sich restlos am Vordergründigen orientiert, provoziert dieses Interesse geradezu.
In irgendeiner Weise wollen Menschen mit den geheimnisvollen Kräften dieses Daseins in Beziehung treten und das geschieht gerade bei Jugendlichen nicht immer auf den »vorgeschriebenen« Bahnen, also etwa in der kirchlichen Jugendgruppe.
Noch gefährlicher erscheint mir eine Form der »Esoterik«, bei der manche Gruppen auf rechtsradikales und rassistisches Gedankengut zurückgreifen. Keltentum, Germanentum und ein pseudomagischer Hokuspokus mit Runen werden hier zu einem chaotischen Allerlei gemischt, das in vieler Hinsicht an die ideologischen Wurzeln des Nationalsozialismus erinnert. So widmet sich die »esoterisch« angehauchte »Artgemeinschaft e.V.« der »Erhaltung und Erneuerung unseres biologischen Erbes«, die sogenannte »Goden-Bewegung« schwärmt von einer »artgemäßen Gottheit«.

Es gibt auch harmlosere Formen »esoterischer« Verirrung, vor denen dennoch gewarnt werden sollte. So lese ich in einer Esoterik-Zeitschrift unter dem Obertitel »Prä-Astronautik«: »Heilige Schriften der alten Inder beweisen: Astronautengötter setzten auf der Erde Atomwaffen ein.« Diese Behauptung basiert auf Erich von Dänikens Götter-Astronauten-Theorie. Vor rund 15 000 Jahren waren angeblich außerirdische Astronauten auf der Erde gelandet, um die zurückgebliebene Menschheit durch die Manipulation ihrer Erbanlagen zu veredeln. Und jetzt sollen sie auch noch Atomwaffen eingesetzt haben!
An dieser Art Lehren stört zweierlei: einmal, daß sie sich als streng wissenschaftlich »bewiesen« ausgeben und zweitens, daß diese Theorien vollkommen unspirituell sind. Mit Esoterik haben sie eigentlich nichts zu tun, denn die Esoterik spricht von jenem Ur-Geheimnis und jener hintergründigen Wirklichkeit, die der Mensch nicht endgültig entschleiern kann. Sind die Götter Astronauten, dann gibt es sie eigentlich überhaupt nicht, denn dann sind die Götter raum-zeitliche Wesen, so wie du und ich. Ein Gott, dessen Fußabdrücke man vermessen kann (in der Wüste Gobi will man einen solchen Abdruck gefunden haben), ist kein Gott, und seien die Fußabdrücke noch so groß.
Die Götter-Astronauten-Theorie ist nur ein Beispiel. Es gibt vergleichbare Lehren, die manchen »Esoteriker« bewegen, die aber im Grunde ganz unspirituell sind. Sie machen das Hintergründige vordergründig, das Tiefe flach und das Geistige ungeistig. Wissenschaft hat es mit dem Vordergründigen zu tun, an ihrer Grenze beginnen Traum und Intuition, in deren Bereich wir die Welt des kollektiven Unbewußten und der Archetypen erleben. Noch eine Stufe tiefer öffnen sich die Erfahrungswege der Mystik und der Meditation. Dies sind Erfahrungen ganz anderer Art als diejenigen, die sich mit dem Zentimetermaß ausmessen lassen. Wer alles durcheinanderbringt, trägt dazu bei, den Ruf der Esoterik zu schädigen, der bei manchen leider sowieso nicht besonders gut ist.
Nach diesen kritischen Hinweisen fragt es sich, ob die Gefahren der Esoterik nicht schwerer wiegen als die Vorteile. Wohl kaum. Allerdings sollte man etwas auf die Meinung von Psychologen

geben, die sich auf diesem Feld auskennen: Wer sich der Esoterik zuwendet, sollte mit beiden Beinen fest im Hier und Jetzt verankert sein, er sollte im Berufsleben etwas leisten, mit anderen Menschen einigermaßen zurechtkommen und sich seelisch weitgehend ausgeglichen fühlen. Wer spürt, daß er an seiner Lebensweise etwas ändern sollte, wer feststellt, daß das tägliche vordergründige Einerlei nicht alles sein kann, wer nach einem tieferen Sinn sucht, der sollte sich ernsthaft mit Esoterik beschäftigen. Oft sind die oben genannten Bedingungen erst in mittleren Jahren erfüllt, und auch das ernsthafte Interesse an den Hintergründen des Lebens bricht oft erst nach der Lebensmitte durch. Esoterik geht an die Grenze. Jeder Grenzgang ist riskant. Wir Menschen sind unserem Wesen nach Grenzgänger. Aber wir müssen dafür über das seelische Rüstzeug verfügen.

# 4. Heilung durch geistige Kraft

## Geistheilung und Geist-Chirurgie – Wirkungen aus der Transzendenz

Das Zweite Deutsche Fernsehen führte 1985 ein in zwei Sendungen übertragenes Experiment mit dem Schweizer Geistheiler Freddy Wallimann durch. Vier Patienten sollten von Wallimann über eine räumliche Distanz von bis zu 500 Kilometern geheilt werden. Die 64jährige Patientin Ursula R. war seit einem Schlaganfall teilgelähmt; die Schülerin Heike H. hatte seit acht Jahren einen Hautausschlag, gegen den kein Mittel geholfen hatte; Herbert K. litt an einer fortgeschrittenen spastischen Lähmung der Arme und Beine; die 77jährige Helene W. hatte seit vierzig Jahren ein offenes Bein. Nach einer Behandlungszeit von drei Monaten – Wallimann hatte sich zweimal täglich auf die Fotos der Kranken konzentriert – sah das Ergebnis so aus: Bei der gelähmten Patientin Ursula R. sind die Symptome völlig verschwunden, der Hautausschlag der Schülerin hat sich erheblich gebessert, am offenen Bein von Helene W. ist der Heilungsfortschritt deutlich sichbar, nur bei Herbert K. hat sich nichts verändert, seine Lähmungen sind geblieben. Ein erstaunlicher Erfolg also, der auf normale Weise kaum zu erklären ist.
Ebenso eindrucksvoll war die ZDF-Sendung vom 13. Oktober 1985 über die sogenannte Geist-Chirurgie, wie sie auf den Philippinen oder in Brasilien ausgeübt wird. Geist-Chirurgen, oft einfache Leute, die über keine medizinischen Kenntnisse verfügen, tauchen mit bloßen Händen in den Körper ein, entfernen ein Gewebeteil innerhalb weniger Minuten, woraufhin sich die Operationswunde ohne Narbe wieder schließt. Brasilianische Heiler verwenden oft unsterilisierte Messer, doch niemals kommt es zu einer Infektion. Die Operationen sind schmerzfrei.

In dieser Sendung vom 13. Oktober 1985 sah man den brasilianischen Arzt Dr. Edson Queiros mit bloßen Händen sowie mit einer Nadel und einer Schere operieren. Im Beisein von Ärzten, Journalisten und Kamerateams entfernte Queiros auf der offenen Bühne eines Theaters in Rio de Janeiro der 37jährigen Jane Dias einen gutartigen Brusttumor. Der Knoten wurde später histologisch untersucht: er maß 5,5 mal 5 mal 2,5 Zentimeter. Jane Dias, selbst Ärztin und seit drei Jahren an Brasiliens Nationalem Krebsinstitut auf die Operationen von Brusttumoren spezialisiert, hatte bei dem ohne Betäubung durchgeführten Eingriff kaum Schmerzen verspürt. Noch am selben Abend konnte sie nach Hause gehen.

Gegen solche Berichte sträubt sich der »gesunde Menschenverstand«. Aber es gibt keinen Grund, Dinge nur deshalb abzulehnen, weil uns von Kind auf gesagt wurde, daß sie unmöglich seien. Das Phänomen der geistigen Heilung wird aus allen Kulturen berichtet. Das alte Schrifttum der Menschheit ist voll von einschlägigen Zeugnissen. Man denke etwa an die geistigen Heilungen Jesu. Seit sich die Wissenschaft dieser Frage angenommen hat, sind zahlreiche Forschungen durchgeführt worden, von denen viele mehr oder minder beweiskräftig die Existenz einer spirituellen Heilungsfähigkeit dokumentieren.

Untersuchungen wurden zum Beispiel von den Universitäten Freiburg, Innsbruck und Utrecht (Holland) durchgeführt. In den siebziger Jahren haben sich der amerikanische Psychiatrie-Professor Bernhard Grad und die Leiterin der Chemie- und Physikabteilung des Rosary-College in Buffallo, Justina Smith, mit dem Geistheiler Oskar Estabany beschäftigt. Estabany war in der Lage, die Wundheilung bei Mäusen zu beeinflussen, das Wachstum von Pflanzen zu beschleunigen und die Aktivität von Enzymen zu steigern. Ähnliche Ergebnisse liegen über den englischen Heiler Matthew Manning vor, der unter anderem Krebszellen in Reagenzgläsern beeinflussen konnte. Auch aus der Sowjetunion wird von erfolgreichen geistigen Heilungen berichtet. Die Heilerin Dschuna Dawitaschwili soll sogar politische Größen wie Breschnew, Kossigin und Tschernenko behandelt haben. Eine im Auftrag des holländischen Gesundheitsministeriums durchgeführte, 1987 abgeschlossene großangelegte Studie der Universität Utrecht kommt zu dem eindeutigen Ergebnis: Geistige Heilkräfte existieren.

Auch für die Geist-Chirurgie gilt das. Sie wurde mehrmals gründlich von skeptischen Fachleuten begutachtet. Der Chemiker und Physiker Professor Alfred Stelter, der die Geist-Chirurgie bei mehreren Aufenthalten auf den Philippinen gründlich studiert hat und auch an sich selbst ausführen ließ, »ist endgültig und unwiderruflich« davon überzeugt, »daß an der Realität der paranormalen Operationen auf den Philippinen keinerlei begründete Zweifel mehr bestehen«. Für die grundsätzliche Möglichkeit echter paranormaler Eingriffe legt Stelter »seine Hand ins Feuer«.

Welche Erklärungen können für die geistige Heilung herangezogen werden? Die meisten Heiler verstehen sich als Vermittler einer kosmischen Kraft, einer universellen Heilenergie, die sie auf den Kranken übertragen. Welcher Art ist diese Energie? Der Geistheiler Matthew Manning zu dieser Frage: »Ich sage für gewöhnlich nichts darüber, welchen Ursprungs nach meinem Dafürhalten diese Kraft ist. Denn ich bin nicht sicher, daß ich die Antwort weiß. Ich weiß einfach, was ich tue, und habe dabei die Empfindung, als Kanal zu wirken. Aber wenn jemand wirklich wissen möchte, was ich denke oder glaube, dann würde ich es – so seltsam es klingen mag – so formulieren: Ich glaube, daß man den Kanal für eine Art kosmische Liebe bildet, die die Heilung hervorruft. Diese Liebe ist überall, in uns und um uns, und vielleicht das, was einige Leute Gott nennen würden.«

Es scheint also, als habe der Vorgang der geistigen Heilung eine ausgesprochen religiöse Wurzel. Tatsächlich ist es ein altes religiöses Anliegen, den Menschen aus der Heillosigkeit ins Heil zu führen. Das »Heil« zu erwerben ist in diesem religiösen Sinn mit Gesundung gleichzusetzen, und dazu bedarf es der liebenden Gnade Gottes. Auch der Mystiker und der Esoteriker bemühen sich in diesem Sinne um das Heil, indem sie Verbindung zu höheren Bewußtseinsebenen suchen, um sich in Harmonie mit dem Ganzen, mit dem Kosmos zu versetzen. Wie weit solche Anschauungen von denen der heutigen Medizin

entfernt sind, wo es in der Regel lediglich um die Aufrechterhaltung körperlicher Funktionen geht, liegt auf der Hand.
Was Matthew Manning Liebe nennt, kann jedoch ebensogut mit Agrippa von Nettesheim als Quintessenz, als Weltgeist oder als universelles, feinstoffliches Energiefeld bezeichnet werden. Wenn wir alle Dinge und auch uns selbst als Kristallisationen dieses Energiefeldes betrachten, bedeutet Krankheit eine Disharmonie in diesem Feld, eine Störung des Verhältnisses von Individuum und Kosmos. Viele Geistheiler sind der Ansicht, daß eine solche Störung auf der feinstofflichen Ebene von besonders Geübten auch mit den Augen wahrgenommen werden kann und zwar an einer Verfärbung der sogenannten »Aura«.
Der Gedanke, daß der Mensch von einer Aura umgeben sei, ist alt. Immer schon waren Esoteriker der Ansicht, unser Körper sei durch vermittelnde energetische Felder mit dem Kosmos verbunden. Diese feinstofflichen Energiefelder haben viele Namen gefunden. Am häufigsten wird von der Aura, oft aber auch vom »Ätherleib« gesprochen. Welche Bezeichnungen verwendet und welche Unterscheidungen zwischen den verschiedenen Begriffen auch getroffen werden, stets handelt es sich um einen ähnlichen Grundgedanken: Aura und Ätherleib verbinden den Menschen mit dem Ganzen, sie beinhalten seine Seele, sein eigentliches Wesen, und sie umgeben den Körper als eine Art Lichtschimmer, der für manche Menschen sichtbar ist.
Man hat mehrfach versucht, diese esoterische Lehre mit den Mitteln der Wissenschaft zu bestätigen. Der Chemiker und Naturphilosoph Carl Ludwig Freiherr von Reichenbach (1788-1869) glaubte eine dem Äther vergleichbare Energie bei Lebewesen, ja bei Metallen und Kristallen nachgewiesen zu haben. Er nannte sie »Od«. Die Annahme einer »odischen« Kraft ist heute unter Esoterikern weit verbreitet.
Die interessantesten Thesen zu diesem Thema werden zur Zeit von den beiden Amerikanern Rupert Sheldrake und Harold S. Burr vertreten. Der Biochemiker und Zellbiologe Sheldrake glaubt, daß »morphogenetische Felder« die Entwicklung des Lebendigen steuern, der Medizin-Professor Burr von der Yale-Universität versucht, sogenannte »L-Felder« nachzuweisen

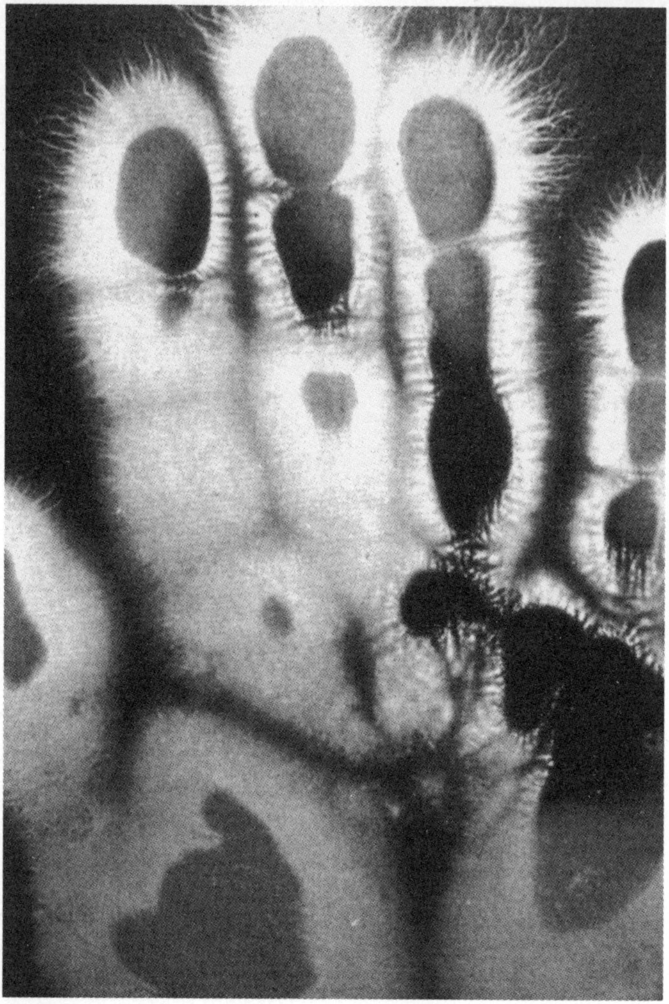

*Die Aura einer Hand. Mit Hilfe der Hochfrequenz-Technik der sogenannten Kirlian-Fotografie werden bisher unbekannte Strahlungen sichtbar gemacht. Sie werden als Abbilder des feinstofflichen Körpers betrachtet, der uns mit dem Kosmos verbindet. Spirituelle Heilverfahren wie die Geistheilung oder Akupunktur wirken wahrscheinlich auf diesen feinstofflichen Körper ein, der mit den Erklärungen der herkömmlichen Physik nicht greifbar ist, weil er eher einem immateriellen Energiefeld gleicht.*

(»L« steht für »live«) und nach Möglichkeit sichtbar zu machen. Vermittels einer speziellen fotografischen Hochfrequenztechnik ist das bereits Ende der dreißiger Jahre dem russischen Ehepaar Kirlian gelungen. Die Kirlian-Fotografie zeigt rund um einen Körperteil, wie zum Beispiel eine Hand oder einen Fuß, aura-ähnliche Abstrahlungen, die mit dem Gesundheitszustand der Versuchsperson variieren. Auch bei organischem Material, wie etwa einem Blatt, ist dieser Strahlenkranz zu sehen. Aufsehen erregte die Entdeckung, daß die Aura oft vollständig sichtbar ist, auch wenn ein Teil des Blattes oder etwa ein Finger an der fotografierten Hand fehlt. Dies würde darauf hindeuten, daß der Astral- oder Ätherleib das Primäre ist, dem der physische Körper lediglich als die sichtbare Außenseite entspricht. Geistige Heilung könnte demnach als die Einwirkung des Heilers auf den Astral- oder Ätherleib des Patienten gedeutet werden. Dabei wirkt der Heiler wie ein Kanal, durch den der Kranke mit neuer Lebenskraft aufgeladen und die Tätigkeit seines Ätherleibs reaktiviert wird. Aber wie ist die Geist-Chirurgie zu erklären? Hier wird der Körper geöffnet und wieder verschlossen, hier werden höchst materielle Dinge wie etwa Tumoren entfernt. Auch hier nehmen Fachleute an, daß die Geist-Chirurgen in erster Linie auf den Ätherleib des Patienten einwirken. Da diese eigentliche Substanz unseres Körpers den physischen Bereich steuert, wäre eine magische Beziehung zwischen dem Heiler und dieser feinstofflichen Quintessenz denkbar.

## Homöopathie und Akupunktur – Stimulation des Ätherleibs

Eine ähnliche Wirkungsweise wie Geistheilung und Geist-Chirurgie haben möglicherweise auch zwei andere nach wie vor rätselhafte Heilverfahren: die Homöopathie und die Akupunktur. In der Homöopathie geht man davon aus, daß Substanzen, die bei Gesunden bestimmte Symptome hervorrufen, in der Lage sind, die gleichen Erscheinungen bei Kranken zu heilen.

Dr. Samuel Hahnemann (1755-1843), der Leipziger Arzt und Vater der Homöopathie, der diesen Grundsatz aufstellte, zeigte jedoch auch, daß homöopathische Mittel nicht in möglichst starker Konzentration, sondern umgekehrt in hochgradiger Verdünnung angewandt werden können, und daß ihre Wirkung dadurch nicht ab-, sondern zunimmt. Bei manchen Verdünnungen – von den Homöopathen »Potenzen« genannt – sind im Heilmittel nur noch wenige oder überhaupt keine Moleküle der Ausgangssubstanz mehr vorhanden. Worauf beruht also ihre Wirkung?
Ist sie dadurch erklärbar, daß ein Homöopath sich bemüht, die gesamte Persönlichkeit seines Patienten zu berücksichtigen, daß er manchmal zur Auswahl geeigneter Mittel das Pendel benutzt? Bleibt es nicht trotzdem rätselhaft, daß gerade die hochgradig verdünnten Heilmittel die größere Wirksamkeit entfalten?
Vor einem vergleichbaren Rätsel stehen wir auch bei der *Akupunktur*. Hier werden Nadeln in bestimmte Stellen der Haut gesteckt und dadurch Krankheiten geheilt. Auch die Wirksamkeit der Akupunktur ist nicht mehr zu bestreiten. Ein bekannter amerikanischer Herzspezialist beschrieb nach seiner Rückkehr aus China Operationen, die unter Akupunktur-Betäubung ausgeführt wurden. Er berichtete, wie ein chinesischer Chirurg, der selbst an Lungentuberkulose litt, unter ausschließlicher Akupunktur- Betäubung einer Operation unterzogen wurde, bei welcher man ihm einen Lungenflügel entfernte: »Der eröffnete Thorax klaffte weit. Ich konnte sein Herz schlagen sehen, und während der ganzen Zeit sprach der Mann unbefangen in zusammenhängender Rede. Als der Eingriff ungefähr bis zur Hälfte durchgeführt war, erklärte der Patient, daß er hungrig sei. Der Chirurg legte eine Pause ein und ließ ihm ein Glasschälchen mit geschmorten Früchten zum Essen reichen.«
Nach uralter chinesischer Lehre strömt »Chi«, die Lebenskraft, durch die sogenannten »Körpermeridiane«, Linien, die mit einer großen Anzahl von »Akupunkturpunkten« auf der Haut in Verbindung stehen. Werden diese Punkte durch den Einstich hauchdünner Nadeln stimuliert, können Krankheiten geheilt oder Schmerzen beseitigt werden.

Der Hinweis der Chinesen auf »Chi«, die Lebensenergie, könnte die Frage, weshalb alternative Heilverfahren wie die Homöopathie oder Akupunktur wirksam sind, beantworten. Vielleicht wirkt Akupunktur nicht direkt auf den physischen Körper, sondern auf den Ätherleib. Ähnlich könnte es bei der Homöopathie sein. Möglicherweise besteht auch hier eine Beziehung zum Ätherleib, dessen feinstoffliche Struktur eher auf die homöopathische Verdünnung anspricht. Wahrscheinlich geht es hier eher um die Übertragung einer »Information« und nicht um einen bio-chemischen Einfluß. Jedenfalls scheint es – ähnlich wie bei der Geistheilung – wichtig zu sein, daß die Beziehung des Kranken zum Energiefeld des Lebendigen und zum kosmischen Ganzen wiederhergestellt wird.

## Bach-Blütentherapie – Pflanzen für Seele und Körper

Seit uralter Zeit wurden Pflanzen zur Heilung von Krankheiten verwendet. Früher waren die Menschen vielleicht aufgrund ihrer Instinkte fähig, die heilsamen von den wirkungslosen oder gar schädlichen Pflanzen zu unterscheiden. Bei Tieren ist dieser Instinkt noch vorhanden. Jeder Hundebesitzer weiß, daß ein Hund, wenn er sich nicht wohlfühlt, bestimmte Gräser sucht und frißt.

Das alte Wissen um die Wirkung von Kräutern und Pflanzen wurde jedoch durch den Großeinsatz chemischer Präparate mehr und mehr in den Hintergrund gedrängt. Erst heute entdeckt man wieder, daß im Stillen auch während der letzten Jahrzehnte Forschungsarbeit geleistet wurde, die uns unerwartete Verwendungsweisen der Heilpflanzen zeigt.

1944 gab der englische Arzt Dr. Edward Bach seine gutgehende Praxis in London auf, um sich ganz der Erforschung der Blumenheilkunde zuzuwenden. Es entstand daraus die »Bach-Blütentherapie«, die heute eine weite Verbreitung gefunden hat.

Dr. Bach war als Homöopath der Auffassung, daß der Arzt von der Gesamtpersönlichkeit eines Patienten ausgehen müsse. »Behandle nicht die Krankheit, sondern den kranken Menschen«, sagte er. Der Einzelmensch war für ihn Teil eines größeren kosmischen Energiefeldes, in welchem ihm eine bestimmte Aufgabe zugewiesen ist. Körperliche Krankheiten treten nach seiner Meinung dann auf, wenn das harmonische Verhältnis zwischen dieser Aufgabe und dem tatsächlichen Lebensvollzug gestört ist. Krankheiten sind Alarmzeichen, sie kommen mit der Absicht, den Menschen wachzurütteln, fordern unter Umständen zu einem wichtigen Reifungsschritt heraus.

Wichtiger als das körperliche Symptom ist jedoch die seelische Grundverfassung, die den körperlichen Symtpomen vorausgeht und sie begleitet. Nach Bach ist Krankheit auf der seelischen Ebene eine »Verfestigung bestimmter negativer Denkstrukturen«. Im Kern zielt Heilung auf eine Therapie der Seele. Hierzu verwendete Bach 38 Blüten wild wachsender Pflanzen, aus denen er auf wässriger Basis 38 Blüten-Essenzen herstellte, von denen jede einzelne auf eine bestimmte seelische Grundverfassung abgestimmt war. So empfahl Bach z.B. Herbstenzian gegen eine pessimistische Grundstimmung oder die Blüte der Kirschpflaume gegen bestimmte Ängste. Die Essenzen werden eingenommen.

Natürlich fragt es sich auch hier, worauf die Wirksamkeit beruht. Vielleicht haben Bachs Blütenessenzen eine ähnliche Wirkungsweise wie die aus Pflanzen gewonnenen ätherischen Öle der sogenannten »Aromatherapie« – einer etwa in der chinesischen Heilkunst schon sehr alten Methode.

Der französische Aroma-Experte Philippe Mailhebiau, der in der Nähe von Toulouse nach esoterischen Regeln ätherische Öle herstellt und als einer der besten Kenner ihrer therapeutischen Anwendung gilt, versichert, daß Pflanzenessenzen eine Brücke zur feinstofflichen Welt darstellen. Das ätherische Öl sei der »Geist« der Pflanze, ihr innerstes Prinzip. Deshalb sei eine solche Pflanzenessenz auch nicht künstlich herstellbar.

Könnte nicht auch hier – ähnlich wie bei den homöopathischen Mitteln oder der Akupunktur – eine Einwirkung auf den Ätherleib vorliegen, also eine Wirkung auf einer nicht-materiellen Ebene?

## Transpersonale Psychologie – Heilung durch veränderte Bewußtseinszustände

Illustriert durch japanische Tuschezeichnungen erzählt ein altes Gleichnis des Zen-Buddhismus vom Ochsen und seinem Hirten: Der Hirte sucht in Sümpfen und undurchdringlichen Wäldern nach seinem Ochsen. Schließlich findet er ihn, fängt ihn ein, zähmt ihn unter großer Mühe und reitet auf dem gezähmten Ochsen zu seiner Hütte. Dort versinkt er in Meditation, alles wird ruhig um ihn her, der Hirt »kehrt zu seinem Ursprung zurück«. »Allein sitzt der Hirte heiter und still... Nach den Dingen da draußen verlangt ihn nicht.« Der Ochse ist vergessen. Dann aber geht der Hirte wieder in die Welt hinaus und sein Wesen hat sich verändert: »Mit entblößter Brust und nackten Füßen kommt er zum Markte. Über und über ist er mit Staub bedeckt, das Gesicht mit Erde beschmiert, seine Wangen überströmt ein mächtiges Lachen. Ohne Geheimnis und Wunder bringt er verdorrte Bäume jäh zum Erblühen.«

Das Gleichnis vom Ochsen und seinem Hirten berichtet vom buddhistischen Weg zur Reife und Entfaltung. Der verlorengegangene Ochse ist das Selbst des Menschen, das in einem mühsamen Prozeß der Selbsterkenntnis entdeckt und erschlossen werden muß. Mit welchen Schwierigkeiten gilt es fertig zu werden, bis die eigene Seele »gezähmt« ist! Ist dies aber gelungen, führt die Meditation zu einem Punkt, wo die Verbindung mit den Wurzeln der Existenz wieder möglich wird. Jetzt kann man gelassen und heiter auf den »Marktplatz« zurückkehren. Staubbedeckt, denn man hat eine große Anstrengung hinter sich, aber mit einer neuen Lebendigkeit, die aus der Verbindung mit dem Ursprung strömt.

Vielen Psychologen und Psychotherapeuten ist aufgefallen, daß es im Buddhismus, aber auch in der Mystik und der Esoterik, oft um ganz ähnliche Ziele geht wie in einer westlichen Psychotherapie. Seelisch gesund kann nur jemand sein, der sich mutig mit seinem Unbewußten auseinandergesetzt, der seinen »Ochsen« gefunden und gezähmt hat. Aber auch hiermit ist das eigentliche Ziel noch nicht erreicht. Zur vollen Gesundheit ge-

*Der Hirte zähmt den Ochsen. Chinesische oder japanische Tuschezeichnungen wollen symbolisch verstanden und meditativ erfaßt werden. Der Ochse, das Symbol für die »ungezähmte« und unerschlossene Seele des Menschen, ist nur der Vordergrund. Wichtiger noch ist die für die Tuschemalerei charakteristische Leere, die auf Hintergründiges verweist. Umschlossen wird die Zeichnung durch den Kreis, das Zeichen der Ganzheit und Vollkommenheit, die der Weise erreicht, wenn er sein wahres Selbst erkannt hat. (Zen Ochsenbilder, Tuschzeichnungen von Tatsuhiko Yokoo.)*

hört auch die Verbindung zur Transzendenz. Auch dies haben bedeutende westliche Psychotherapeuten eingesehen.

## C.G. Jung und die Archetypen

Der berühmte Schweizer Tiefenpsychologe C.G. Jung (1875-1961), einst der »Kronprinz« des Begründers der modernen Seelenheilkunde, des Wiener Nervenarztes Sigmund Freud (1856- 1939), hatte von ihm das Verfahren der Psychoanalyse übernommen: durch eine sorgfältige Erforschung des Unbewußten vergessene und verdrängte Vorstellungen ins Bewußtsein zu heben, um dadurch den Heilungsvorgang zu bewirken. Die Heilung der Seele beginnt also auch bei Jung damit, daß sich der Mensch mit verdrängten und meistens unliebsamen Seeleninhalten konfrontiert.
Aber diese Begegnung mit der Kehrseite der eigenen Persönlichkeit ist erst der Anfang einer Expedition ins Unbewußte. C.G. Jung fiel auf, daß seine Patienten in ihrem Unbewußten offenbar nicht nur auf verdrängte Triebe, auf geleugnete Charakteranteile oder auf Komplexe stießen. Vorwiegend in den Träumen der Patienten war auffallend oft von Gestalten aus Mythen, Märchen und Sagen die Rede, von alten esoterischen Symbolen oder von Vorstellungen, wie sie in der Alchemie eine Rolle spielten. Besonders beeindruckte Jung, daß auch ganz unbelesene Menschen solche Mythen und Symbole in ihrem Unbewußten fanden, obgleich sie höchstwahrscheinlich nie etwas von ihnen gehört hatten. Wie war es erklärbar, daß die Seele Vorstellungen produzierte, die sich das Bewußtsein niemals angeeignet hatte, die also nie eigentlich verdrängt worden sein konnten?
Die Antwort gab Jung mit seiner berühmten Lehre vom »kollektiven Unbewußten« und von den »Archetypen«. Das kollektive Unbewußte geht über das Konzept des persönlichen Unbewußten, das Freud entwickelt hatte, weit hinaus. Im kollektiven Unbewußten befinden sich nicht die persönlichen Verdrängungen aus der Kinderzeit. In ihm liegen die vergessenen Bilder

und Erfahrungen verborgen, die allen Menschen gemeinsam sind, Kollektiverfahrungen der Menschheit. Im kollektiven Unbewußten sind wir mit allen anderen verbunden, auf einer unbewußten Ebene verwandt.
Nun ist es die Eigenart dieser Tiefenschicht der menschlichen Seele, daß sie sich auf charakteristische Weise bemerkbar macht. Sie spricht eine ganz besondere Sprache, die erst gedeutet und verstanden werden will. Es ist die Ausdrucksform der Mythen und Symbole, C.G. Jung spricht von der Welt der »Archetypen« (Urbilder). Wenn wir also eines Nachts deutlich von einem Mandala (einem kreisförmigen Symbolbild) oder der Gestalt eines weisen alten Mannes träumen, der einen Kristall in der Hand hält, so haben wir es mit archetypischen Bildern zu tun, die von unserem Weg zur Ganzheit, zur Selbstwerdung handeln. Denn obwohl diese uralten und kollektiven Symbole ein Teil der allgemeinen Menschheitserfahrung sind, enthalten die Archetypen gleichzeitig ganz individuelle Botschaften und wirken richtungsweisend für den einzelnen. Ein bestimmter Archetypus in den Träumen eines Menschen gibt dem Träumer häufig ein Ziel an, er stellt ihm eine Aufgabe. Denn der Mensch ist bei C.G. Jung ein auf Selbstwerdung (auf Individuation) angelegtes Wesen. Die Sprache des Unbewußten ist die Sprache des höheren Selbst. Ziel des Lebens ist die Vervollkommnung. Der Gedanke der Selbstwerdung verbindet C.G. Jung mit der esoterischen und mystischen Tradition. In den östlichen Religionen, aber auch bei zahlreichen westlichen Esoterikern ist vom niederen und höheren Selbst die Rede. Das niedere Selbst oder das falsche Ich, wie es auch genannt wird, ist oft nur die Fassade narzißtischer Größenphantasien oder die Außenseite, die wir anderen Menschen zuliebe entwickeln. Dieses Ich muß überwunden werden, damit das wahre Selbst hervortreten kann. Das wahre Selbst – symbolisiert in den archetypischen Bildern des Königs, des Propheten, des Helden, als Stein der Weisen, als Mandala oder als Kreuz – ist die zur Ganzheit gereifte Persönlichkeit, die ihre Wesensmitte gefunden hat. Allerdings handelt es sich mehr um ein Ideal als um eine stets erreichbare Realität: die Einheit von Yin und Yang (um es gemäß der

chinesischen Tradition auszudrücken), die Verschmelzung von Atman und Brahman (um mit den Indern zu sprechen), das Aufgehen des Menschen in seiner »Buddha-Natur« (um es buddhistisch zu formulieren) ist in diesem Leben nicht restlos möglich.

## Stanislav Grof und der Kosmos des Unbewußten

Südlich von San Francisco liegt an einer Steilküste am Pazifik das *Esalen-Institut.* Dieses Mekka alternativer Psychologie, ein Zentrum der New Age-Bewegung, war in den sechziger Jahren aus der kritischen Studentenbewegung heraus cntstanden. Seine Gründer (Michael Murphy und Richard Price) wollten das Verhältnis zwischen dem als notwendig erkannten gesellschaftlichen Wandel und der inneren Entwicklung des Individuums erforschen. Bald schlossen sich den Gründern bekannte Psychologen wie Abraham Maslow, Fritz Perls oder der Schriftsteller Aldous Huxley an, die zum Teil der sogenannten Humanistischen Psychologie und dem »Human Potential Movement« nahestanden, einer Bewegung zur Entfaltung des menschlichen Potentials. So entstand ein Experimentierzentrum für alle denkbaren psychologischen Techniken. Während der sechziger und siebziger Jahre war Esalen eine Hochburg der Gruppendynamik. In sogenannten Encountern (äußerst intensiven Begegnungen in der Gruppe) wurden kathartische Prozesse in Gang gesetzt, um den intellektuellen und sozialen Panzer der Teilnehmer aufzubrechen. Fritz Perls, der Vater der »Gestalttherapie«, gab dazu das berühmt gewordene Motto: »Verliert euren Verstand und kommt wieder zu Sinnen!« Heute stehen in Esalen Körpertechniken im Vordergrund wie Aikido (eine japanische Kampfkunst) oder Rolfing (eine tiefe, strukturelle Bindegewebsmassage), spirituelle Methoden wie Zazen und nicht zuletzt die »Holotrope Therapie«, die der sogenannten »Transpersonalen Psychologie« zuzurechnen ist.
Die Holotrope Therapie – eine, wie der Begriff andeutet, ganzheitlich bestimmte Methode – erinnert in mancher Hinsicht an den Schamanismus, aber auch an die Psychotherapie C.G.

Jungs. Sie ist eng mit dem Namen Stanislav Grof verbunden, der 1931 in Prag geboren wurde und sich dort zum Arzt und Psychoanalytiker ausbilden ließ. Schon 1954 setzte Grof im Selbstversuch und zur Krankenbehandlung LSD ein. 1967 kam er in die USA und arbeitete – ebenfalls unter Einsatz von LSD – mit Alkoholikern und mit Krebskranken, mit denen er die therapeutische Wirkung des kontrollierten Drogengebrauchs erforschte. Später setzte er statt Drogen eine intensive Atemtechnik ein, mit der er vergleichbare Wirkungen erzielt.

Seine Erfahrungen mit der Holotropen Therapie hat Grof in mehreren Büchern und Aufsätzen dargelegt. Seine Schriften eröffnen ein vielgestaltiges Panorama des Unbewußten, noch nie zuvor wurden die Tiefen des unbewußten Ozeans so bis in die letzten Abgründe ausgeleuchtet.

Grof berichtet von einer Stufenfolge visionärer Erlebnisse, die dem Astronauten des Unbewußten bei seinem Flug durch grenzenlose Räume begegnen. Stufe für Stufe, Sphäre für Sphäre erschließt sich ein immer phantastischeres Szenario, in dem die Gestaltungen und Bilder aller esoterischen und mystischen Traditionen erscheinen. Was jemand erlebt, der an holotropen Therapiesitzungen teilnimmt, soll hier knapp zusammengefaßt werden.

Nach intensiven Atemübungen in Verbindung mit Musik und gezielter Körperarbeit beginnt die Reise ins Unbewußte mit einer Wiederholung des Geburtserlebnisses. Diese »perinatale Erfahrung« besteht zunächst aus einem ozeanischen Gefühl vollkommener Geborgenheit im Mutterleib. Aber diese Harmonie dauert nicht an: Wie durch einen Trichter oder Strudel wird man fortgezogen, von Ungeheuern, Drachen und Höllengestalten erwartet. Ein großer Kampf beginnt. Wut, sadistische Erregung, sexuelle Orgiastik kennzeichnen diese Phase. Schwarze Messen, das Bild der blutigen Göttin Kali, Vergewaltigungen, Zerstückelungen enden in der überwältigenden Erfahrung der totalen Vernichtung: dem Ich-Tod. Das niedere Selbst zerbricht. Nichts bleibt mehr übrig von der einstigen Persönlichkeit. Grof beschreibt sein eigenes Erlebnis: »Ich spürte die Wucht eines riesigen Fußes, der mich in kleine Stücke zertrat und mich wie

ein lästiges Stück Hundescheiße auf dem Boden – auf dem Grund des Kosmos – verschmierte.«
Doch dem Ich-Tod folgt unweigerlich die Wiedergeburt. Der Kosmonaut des Unbewußten stößt nun in die Sphäre der »transpersonalen Erfahrungen« vor. War das bildhafte Wiedererleben des Geburtsvorgangs und das niederschmetternde Erlebnis des Ich-Tods ein dramatisch negatives Ereignis, so taucht man bei den transpersonalen Erfahrungen in eine neue Harmonie ein, die allerdings weit über das ozeanische Einheitsgefühl mit der Mutter hinausgeht.
Alle Grenzen von Raum und Zeit sind aufgehoben. Die Reise führt durch Höhen und Tiefen des Kosmos, durch Geschichte, Natur und Mythologie und alles wird »von innen her« erlebt, so als sei der Reisende das Erlebte selbst. So kann es zur Erfahrung früherer Inkarnationen kommen, manchmal identifiziert sich der Seelenreisende mit einer Pflanze oder einem Tier, manchmal befindet er sich in anderen Universen und begegnet deren Bewohnern, manchmal trifft er auf Gottheiten und verschmilzt mit ihnen. Aber das bedeutsamste und höchste Erlebnis ist die Erfahrung des kosmischen Bewußtseins. Grof beschreibt es so: »Man fühlt, daß man die absolute Wirklichkeit hinter allen relativen Wirklichkeiten erreicht hat und Auge in Auge dem höchsten und letzten Prinzip allen Seins gegenübersteht. Die Illusion von Materie, Raum und Zeit, die unendliche Zahl subjektiver Wirklichkeiten sind vollständig transzendiert und endgültig auf diese eine Art des Bewußtseins zurückgeführt, die ihre Quelle und ihr gemeinsamer Nenner ist. Diese Erfahrung ist grenzenlos, unauslotbar und unbeschreiblich – sie ist Sein schlechthin. Die ganze Symbolstruktur unserer gewohnten Sprache erscheint als lächerlich ungeeignetes Instrument für die Vermittlung von Art und Qualität dieser Erfahrung.«
Grof beschreibt hier ganz offensichtlich ein mystisches Erlebnis, und es ist deutlich, wie eng die ganze von Grof dargestellte Symbolwelt mit der Initiation des Schamanen oder den Erfahrungen des Mystikers verwandt ist. Auch wird klar, wie sehr sich das religiöse oder spirituelle Moment in der Psychologie Grofs von der nüchternen Wortgläubigkeit der christlichen

Konfessionen unterscheidet. Was die Menschen heute suchen: das *Erlebnis* von Transzendenz – bei Grof ist es möglich. Aber wozu ist eine so anstrengende Therapie gut? Welche Heilerfolge hat sie aufzuweisen? Welche Konsequenzen folgen aus ihr?
Die Holotrope Therapie ist gewiß eine der »radikalsten« psychologischen Methoden. Sie geht wahrhaft an die Wurzeln und reißt die Schranken zum Unbewußten restlos nieder. Ebenso radikal sollen ihre Heilerfolge sein. Therapeuten behaupten, daß manchmal bereits wenige Sitzungen eine jahrelange konventionelle Psychotherapie ersetzen können. Letztendlich aber ist die Holotrope Therapie längst nicht mehr in erster Linie eine Krankenbehandlung. Stanislav Grof ist der Meinung, daß alle Menschen heute in einer krankmachenden Zivilisation leben und deshalb nur einen geringen Anteil ihrer menschlichen Fähigkeiten entwickelt hätten. Wesentlich ist ihm, daß kein Mensch wirklich gesund und entwickelt sein könne, der nicht mit spirituellen Bereichen Verbindung aufgenommen habe. Das Verlangen nach Transzendenz, die Wiederanknüpfung an die jenseitige Wurzel des Menschen, hält er für ebenso fundamental, ja für dringender als zum Beispiel die Befriedigung sexueller Bedürfnisse.

## Graf Dürckheim und das Erlebnis der Transzendenz

Besonders unter diesem Gesichtspunkt überschneidet sich die Holotrope mit der »Initiatischen Therapie« Karlfried Graf Dürckheims (1896-1988), der in Todtmoos-Rütte im südlichen Schwarzwald ein weltweit bekanntes Therapiezentrum gegründet hat. Der ehemalige Psychologie-Professor Graf Dürckheim entwickelte seine philosophischen und therapeutischen Gedanken während eines mehrjährigen Japan-Aufenthalts unter dem Einfluß des Zen- Buddhismus. Zusammen mit der Psychologin Maria Hippius begann er mit der Umsetzung bereits in den späten vierziger Jahren.
Da der Mensch einen »doppelten Ursprung«, einen diesseitigen und einen jenseitigen habe, gehe es darum, »die individuelle

Weise« zu finden, »in der das überweltliche Sein im Menschen anwesend ist und in ihm und durch ihn offenbar werden möchte«. Neben dem Leiden an der ungenügenden Integration in die Welt (das Thema, mit dem sich die meisten konventionellen Psychotherapien befassen), gibt es nach Dürckheim »das Leiden unter dem Mangel an Einssein mit dem eigenen überweltlichen Wesen«, also der Transzendenz. Heilung heißt also für Stanislav Grof wie für Graf Dürckheim »heil werden« in einem umfassenden Sinn, unter Einschluß der spirituellen, transpersonalen Realität des Menschen, mit der das Individuum in Wahrheit identisch ist.

Die Wiederanknüpfung an das eigene überweltliche Wesen setzt auch bei Dürckheim zunächst Katharsis und Wiedergeburt voraus. Ohne Schmerz, ohne das, was die Mystiker Tod und Sterben nennen, gibt es keine Heilung. Ähnlich wie bei C.G. Jung und Stanislav Grof setzt man sich in der Initiatischen Therapie zunächst mit seinem »Schatten« auseinander, – so nannte C.G. Jung die verdrängten, verworfenen und nicht zugelassenen Anteile der eigenen Seele. Nur wer den Schatten integriert hat, erlebt den Wandlungsprozeß, der ihn wieder mit dem überweltlichen Sein verbindet.

Die Initiatische Therapie arbeitet mit verschiedenen therapeutischen Methoden, z.B. mit dem »geführten Zeichnen«. Der Klient sitzt vor einem leeren Blatt und zeichnet mit geschlossenen Augen intuitiv und spontan, was ihm seine Impulse eingeben. Wenn er sich dabei vergißt, erscheint unwillkürlich sein Inneres auf dem Papier: Spannungen und Konflikte, Symbole und Archetypen – eine breite Grundlage für Deutungen, Anknüpfung für ein neues Selbstverständnis.

Oder die »personale Leibarbeit«: Dürckheim unterscheidet zwischen »dem Körper, den man hat« und »dem Leib, der man ist«. »Beim Körper geht es um Gesundheit, Leistungskraft. Im Hinblick auf diesen Körper ist der Mensch gegen jede Krankheit, jeden Schmerz und grundsätzlich gegen den Tod eingestellt. Heilen ist hier vor allem die Sache des Mediziners. Der Leib, der ich bin, ist in Ordnung in dem Maß, als ich in ihm mich ausdrücke und darstelle, verwirkliche oder verfehle. Der Leib,

der ich bin, ist in Ordnung in dem Maße, als ich in ihm und durch ihn durchlässig bin für mein Wesen.«
Die personale Leibarbeit zielt also auf das Bewußtsein, daß der Mensch durch seinen physischen Bereich unmittelbar mit dem kosmischen Ganzen, dem »Wesen« verbunden ist. Dabei spielt auch der »feinstoffliche Leib« eine Rolle, die Aura, denn die leibliche Realität des Menschen ist nach Auffassung der Initiatischen Therapie nicht durch die äußeren Konturen des Körpers begrenzt. Sie geht weit über diese Begrenzung hinaus.
Den Mittelpunkt der Initiatischen Therapie bildet jedoch die Zazen-Meditation. Mit 24 Jahren hatte Graf Dürckheim ein Satori- Erlebnis, wie die Buddhisten die Erleuchtung nennen. »Der Vorhang zerriß, und ich war erwacht. Ich hatte Es erfahren.« Bis zu seinem Tod blieb ihm daher dies das Wichtigste: Menschen zur Erkenntnis und Erfahrung ihres Wesens zu führen, das seinen Ursprung außerhalb der uns sichtbaren Welt hat.

## Gefahren und Abwege

Ein angeblicher Geistheiler verkauft seit Jahrzehnten ein Gerät, mit dem, wie er behauptet, mehr als 50 verschiedene Krankheiten heilbar sind. Es handelt sich um einen 40 Zentimeter langen gedrehten Metalldraht, der auf dem Rücken oder der Brust zu tragen ist.
Viele derartige Wundergeräte werden zu meist erheblichen Preisen in Anzeigen zu Heilzwecken angeboten. Eine Studie der evangelischen »Arbeitsgemeinschaft für Religions- und Weltanschauungsfragen« in München, die sich mit der Geistheilung beschäftigt, zieht daraus die Folgerung, Geistheiler seien »Scharlatane und Verbrecher«. Sie geht ganz allgemein davon aus, daß sie keine Heilerfolge vorzuweisen haben und statt dessen vom Betrug an Leichtgläubigen leben.
So krasse Urteile würden seltener geäußert werden, wenn nicht tatsächlich mit angeblichen geistigen Heilkräften immer wieder Schindluder getrieben würde. Wie soll man aber einen echten

Geistheiler von einem falschen unterscheiden? Schließlich werden auf diesem Gebiet keine Diplome oder Doktortitel vergeben. Beherzigenswert ist der Ratschlag des verstorbenen holländischen Parapsychologen Professor W.H.C. Tenhaeff, der jahrzehntelang mit seinen Mitarbeitern an der Universität Utrecht das Heilerwesen erforscht hat. Er war davon überzeugt, daß viele Geistheiler erfolgreich sind, aber er warnte auch vor den Gefahren: »Wir meinen, daß man das Auftreten der Heiler nur dann verantworten kann, wenn die Patienten unter Aufsicht eines Arztes bleiben. Einer der Gründe dafür liegt in der von uns und anderen gemachten Erfahrung, daß eine solche Behandlung sehr oft dazu führt, daß der Patient fühlt, wie sich seine Schmerzen vermindern, ja sogar oft verschwinden. Dies kann ihn dazu veranlassen, sich für geheilt zu betrachten, während die Krankheit weiterwuchert.«

Der amerikanische Spezialist für Fragen der Geistheilung, Dr. Lawrence LeShan, gibt folgende drei Faustregeln, um die Seriosität von Geistheilern zu testen: »Erstens: Trauen Sie keinem Heiler, der sofortigen Behandlungserfolg verspricht… Zweitens: Ein Heiler, der bereit ist, Sie zu behandeln, auch wenn Sie nicht ärztlich betreut werden, ist ein gefährlicher Scharlatan… Drittens: Trauen Sie keinem Heiler, der Geld von Ihnen verlangt.«

Die dritte Regel mag in einer Welt verblüffen, in der gegenseitige Hilfe ohne finanzielle Gegenleistung fast schon als eine Art Dummheit angesehen wird. Vielleicht ist sie auch ein wenig zu streng formuliert. Dennoch ist gerade die Höhe des Honorars ein deutliches Zeichen dafür, um was es dem Heiler eigentlich geht. Wer kostenlos behandelt, meint es mit Sicherheit ernst. Zudem steht er weniger in Gefahr, mit den Gesetzen in Konflikt zu kommen, die ja nur ausgebildeten Ärzten und Heilpraktikern die gewerbliche Therapie von Krankheiten erlauben.

Geistige Heilenergien sind subtile Kräfte. Man sollte sich deshalb davor hüten, zuviel von ihnen zu erwarten. Der Geist vermag viel, aber nicht alles. Aus den USA kommt eine Strömung, die in dieser Hinsicht meines Erachtens übertreibt. Ihre Vertreter behaupten, der einzelne müsse nur eine positive Einstellung erwerben und schon seien die meisten seiner Probleme gelöst. Durch »positives Denken« und die innere Verbindung mit dem Kosmischen sei eine eherne Gesundheit garantiert, und auch Glück und Reichtum seien so zu erlangen. Der Hauptvertreter dieser Idee war der 1981 verstorbene Dr. Joseph Murphy. Murphys ungeheurer Erfolg – die Auflage seiner Bücher geht in die Millionen – zeigt wie tief der Wunsch verwurzelt ist, ein Patentrezept für die Lösung aller Probleme zu finden. Gewiß sind eine positive und optimistische Einstellung oder ein fröhliches Naturell eine günstige Voraussetzung für Erfolg und Gesundheit. Der bekannte esoterische Schriftsteller Paul Brunton hat trotzdem recht, wenn er schreibt: »Wäre vollkommene Gesundheit ein Maßstab der Spiritualität, dann müßten wir zugeben, daß einige der größten Heiligen der christlichen Geschichte gar keine Heiligen gewesen sind. Im Orient kennen wir Beispiele einer ganzen Anzahl von weisen Männern wie Ramarkrishna und Maharshi, die sich durchaus keiner guten Gesundheit erfreuten, die aber dennoch als höchste Wesen bekannt waren.« Ramakrishna und Maharshi starben beide an Krebs. Auch Krankheit und Leiden sind wichtige Aspekte des Lebens; wir sollten uns nicht einbilden, sie allein aufgrund unserer inneren »Einstellung« aus der Welt schaffen zu können.

Auch im Hinblick auf psychotherapeutische Heilverfahren muß vor übertriebenen Erwartungen gewarnt werden. Gerade auf dem Gebiet spiritueller Therapien entstehen zur Zeit immer neue Richtungen, über deren Wirksamkeit auch der Fachmann kaum etwas aussagen kann. Die Enttäuschung über die eine oder andere Psychotherapie hat schon manchen dazu verführt, es mit immer neuen Methoden zu versuchen oder von einer »Psychogruppe« zur nächsten zu wandern. Manch einer ist dabei schon beim »Erhard Seminar Training« (EST, heute: »Forum«) oder der »Dianetik«-Therapie der »Scientology«-Sekte gelandet, zwei Institutionen des »Psychomarktes«, deren Versprechungen ebenso groß sind wie ihre Gewinne.

Bezeichnend ist der Bericht einer jungen Frau, die an einer Bushaltestelle auf einen Vertreter des »Erhard Seminar Trainings« stieß und mit ihm in folgenden Dialog verwickelt wurde:

»Suchen Sie irgend etwas?« – »Ich verstehe Sie nicht…« – »Ich meine, suchen Sie nach Erleuchtung?« – »Ich denke, wir suchen alle so etwas.« – »Dann sind Sie dem richtigen Menschen begegnet. Ich weiß, wo man Erleuchtung bekommen kann, innerhalb von wenigen Tagen!«

Was das »Erhard Seminar Training« in wenigen Tagen anbietet, dauert bei einer seriösen Therapie, wie etwa einer Jungschen Analyse, mitunter mehrere Jahre, und auch die Ziele sind nicht ganz so hoch gesteckt. Dafür beinhalten die bewährten Behandlungsmethoden auch keine besonderen Risiken. Zu den möglichen Gefahren der Holotropen Therapie äußert sich Stanislav Grof so: »Im allgemeinen gibt es nur minimale Probleme, wenn der Rahmen für solche Sitzungen sorgfältig gestaltet worden ist, sie mit Menschen durchgeführt werden, die emotional einigermaßen ausgeglichen sind, und wenn sie von einem erfahrenen Therapeuten überwacht werden. … Je schwerer der klinische Fall ist, mit dem man es zu tun hat, desto mehr Vorsicht ist angebracht und desto mehr Unterstützung muß geleistet werden.«

Gerade die Holotrope Therapie konfrontiert den einzelnen mit belastenden Problemen und führt streckenweise zu einem totalen Kontrollverlust, bei dem unbedingt die Hilfe eines guten Therapeuten gefordert ist. So wie man eine Jungsche Psychotherapie nur bei jemandem durchführen sollte, der eine Ausbildung an einem der C.G. Jung-Institute (etwa in Zürich oder Stuttgart) hinter sich hat, sollte man sich auch eingehend nach den Voraussetzungen jedes anderen Therapeuten erkundigen, dem man sich anvertraut. Titel sind hier nicht unbedingt von Bedeutung. Aber eine solide langjährige Beschäftigung mit den Methoden, die man an anderen anwenden möchte, kann von jedem Therapeuten verlangt werden. Nicht unerheblich für die Qualität eines Psychotherapeuten ist auch die sogenannte »Lehranalyse«, in der sich der angehende Seelenarzt über Jahre hinweg mit seiner eigenen Persönlichkeit auseinandersetzt. Wer andere heilen möchte, sollte erst mit sich selbst ins reine gekommen sein.

# 5. Jenseits, Tod und Wiedergeburt

Seit alters her haben die Philosophen und Theologen darauf hingewiesen, daß der Tod eine fundamentale Bedeutung für das Leben hat. Erst der Tod rückt das Leben ins rechte Licht. Er zeigt, worauf es ankommt. Er warnt den Menschen vor Selbstüberschätzung, lenkt seinen Blick von außen nach innen: Nicht Macht, Ruhm und Reichtum sind die Ziele des Lebens, sondern das spirituelle Wachstum und die Entwicklung der Liebesfähigkeit.

Im späten Mittelalter fanden Bücher eine große Verbreitung, die die »ars moriendi« lehrten, die Kunst zu sterben. Sterben wurde wirklich als eine Kunst betrachtet, und man glaubte, daß ohne ihre Beherrschung auch das rechte Leben nicht möglich sei. Auch moderne Philosophen sahen diesen Zusammenhang in ähnlicher Weise. Martin Heidegger, der große Existenzphilosoph, schrieb: »Erst wenn wir uns klar machen, daß unsere Existenz wesenhaft und notwendig ein Sein zum Tode ist, können wir uns erheben über das bedeutungslose Alltagsleben und wirklich wir selbst, wirklich frei sein.«

Leider macht es uns unsere Umwelt nicht leicht, die Kunst des Sterbens und dadurch die rechte Kunst des Lebens zu erlernen. Da werden Kranke und Sterbende in die Kliniken abgedrängt. Der hygienische, von Apparaten und moderner Elektronik begleitete Tod auf den Intensivstationen steht in krassem Gegensatz zu früheren Formen des Sterbens. So war es auf dem Land häufig üblich, daß ein Toter während dreier Tage und Nächte im Wohnzimmer aufgebahrt lag und das ganze Dorf an seinem Tod teilnahm. An der offenen Bahre wurde Tag und Nacht gebetet. Der »weiße Tod« in den heutigen Kliniken verweigert den Menschen oft das Wichtigste, was ein Sterbender benötigt, nämlich die Anwesenheit von jemandem, der ihm beisteht. Oft genügt es, dem Sterbenden die Hand zu halten und ihm Tröstendes zu sagen. Denn auch der »bewußtlose« Sterbende versteht jedes Wort.

## Todesforschung – Sterben ist schön

Auch wenn wir in einer Zeit der Todesverleugnung und der Todesverdrängung leben: allmählich kündigt sich eine neue Sichtweise des Sterbens an. Sie kommt weniger von der Theologie oder der Philosophie, sondern von der Wissenschaft. Wer sich der Frage des Todes als einer Lebensfrage stellen möchte, stößt hier auf verblüffende, geradezu spektakuläre Forschungsergebnisse, die in ihrer weittragenden Bedeutung noch kaum ins öffentliche Bewußtsein gedrungen sind. Der hier angesprochene Forschungszweig wird unter dem Begriff »Thanatologie« (von griechisch thanatos: Tod) zusammengefaßt.

Die Ergebnisse dieser neuen Wissenschaft klingen für jemanden, der den Tod nur mit Angst und Schrecken verbindet, unglaubhaft, vielleicht illusionär: »Der Moment des Todes ist ein ganz einmaliges, schönes, befreiendes Erlebnis, das man erlebt ohne Ängste und Nöte«, urteilt die bekannte Sterbeforscherin Elisabeth Kübler-Ross. Auf die Frage, ob sie Angst vor dem Sterben habe, antwortet sie: »Nein, gar nicht; ich freue mich darauf.«

Die Psychiaterin, die seit über zwanzig Jahren an amerikanischen Krankenhäusern und Universitäten wirkt und lehrt, hat 1968 mit ihrem Buch »Interviews mit Sterbenden« der modernen Thanatologie den Anstoß gegeben. Tausende von Stunden saß sie an den Betten Sterbender. Die Ergebnisse ihrer Erfahrungen werden heute besonders in den USA an zahllosen medizinischen Fakultäten, an Schwesternschulen und ärztlichen Fortbildungsseminaren vermittelt. Aber auch andere Ärzte und Psychologen haben sich der Thanatologie zugewandt. Mehrere gründliche Forschungsstudien sind seitdem erschienen. Dabei ging es in erster Linie um das sogenannte »Sterbeerlebnis«.

Hier ein Beispiel: Am 16. September 1964 fährt der damals

44jährige Ingenieur und Architekt Stefan Jankovich im Auto auf einer Straße in der Nähe von Bellinzona (Schweiz). Plötzlich rast ein Lastwagen auf ihn zu. Jankovich schreit auf, dann erfolgt der Zusammenstoß. Der Ingenieur wird aus dem Auto geschleudert und bleibt mit 18 Knochenbrüchen bewußtlos auf der Straße liegen.

Was nun folgt, bezeichnet Jankovich als sein »schönstes Erlebnis«. Er fühlt sich erfüllt von einem göttlichen Frieden und einer noch nie wahrgenommenen Harmonie. Um ihn herum sind Klänge und wunderschöne Farben. Er stellt fest, daß er vollkommen bei Bewußtsein ist und in ungefähr drei Metern Höhe über der Unfallstelle schwebt. Schwebend, eingehüllt in harmonische Farben und Töne, umgeben von einem hellen und wunderbaren Licht, beobachtet Jankovich fast belustigt, wie man sich unten auf der Straße um ihn bemüht. Ein Arzt gibt ihm eine Spritze, zwei andere Personen befreien ihn von seinen Kleidern, eine Blutlache breitet sich aus. Schließlich sagt der Arzt: »Man kann nichts machen, er ist tot.«

Aber für Jankovich, der sich so lebendig fühlt wie nie zuvor, geht das Ereignis weiter. In der Art einer phantastischen, mehrdimensionalen Theatervorstellung läuft sein ganzes Leben vor ihm ab: in zeitlicher Reihenfolge rückwärts, vom Unfallgeschehen bis zur Geburt. Dabei wird ihm klar, daß Liebe der Sinn seines Lebens war und daß alle Handlungen nur unter diesem Gesichtspunkt eine Bewertung erfahren.

Da geschieht etwas Schreckliches: unten auf der Straße ist ein zweiter Arzt eingetroffen, der dem leblosen Unfallopfer eine Adrenalinspritze in die Herzkammer injiziert. Mit einem brutalen Ruck wird Jankovich in seinen malträtierten Körper zurückgeholt. Plötzlich ist es mit dem Gefühl der Harmonie und des Friedens vorbei. Die Leidensgeschichte eines Schwerverletzten beginnt.

Dieser gut verbürgte Bericht enthält viele der wesentlichen Elemente des Sterbeerlebnisses, wie es aus Hunderten von anderen Berichten bekannt ist. Im Anschluß an Elisabeth Kübler-Ross hat der amerikanische Arzt Raymond Moody die Sterbeerlebnisse von 150 Patienten ausgewertet und zusammengefaßt.

Der US-Kardiologe Michael B. Sabom legte 1981 eine differenzierte medizinische Studie vor. Saboms Untersuchung, aber auch die Studie des amerikanischen Psychologie-Professors Kenneth Ring berücksichtigten besonders auch die Folgen, die das Sterbeerlebnis für das Leben hat, denn diese Folgen sind bedeutsam: die Angst vor dem Tod verschwindet und die Einstellung zum Leben verwandelt sich grundsätzlich.
Freilich ist das Sterbeerlebnis nicht erst in der Gegenwart entdeckt worden. Schon immer machten einzelne Menschen diese Erfahrung und haben auch davon berichtet. Wahrscheinlich aber häufen sich heute die Fälle, denn die Medizin ist öfter in der Lage, Menschen auch aus dem sogenannten »klinischen Tod« zurückzuholen, wenn Bewußtsein, Reflexe, Atmung und Herztätigkeit bereits ausgesetzt haben.
Gegenwärtig steht also eine wachsende Anzahl von Sterbeberichten zur Verfügung. Sie ermöglicht eine hochinteressante Beobachtung: nämlich die große Ähnlichkeit der berichteten Erlebnisse. Während Halluzinationen bei geistigen Störungen oder unter Drogeneinfluß einen ausgeprägt individuellen Charakter aufweisen und dabei stark voneinander abweichen, wiederholt sich der Inhalt von Sterbeerlebnissen immer wieder. Bei den unterschiedlichsten Menschen – gleichgültig, ob es sich um Christen oder Atheisten, Amerikaner oder Inder handelt – zeigen sie ein stets gleichbleibendes Grundmuster. Diese erstaunliche Ähnlichkeit ist eines der stärksten Argumente zugunsten ihrer »Echtheit«. Alles weist darauf hin, daß Sterbeerlebnisse nicht »eingebildet« sind, sondern »real« erfahren werden.
Zu diesen sich wiederholenden Elementen gehören insbesondere fünf Grunderlebnisse: 1. Das Erlebnis, aus seinem physischen Körper auszutreten, bei klarstem Bewußtsein wenige Meter über ihm zu schweben und alles in der Umgebung beobachten und registrieren zu können. Viele berichten nach solchen Erlebnissen über Vorgänge, die sie unmöglich wissen können, zum Beispiel über Einzelheiten von Operationen am eigenen Körper. Der Parapsychologie sind derartige Erlebnisse – nicht bloß im Zusammenhang mit Sterbevisionen – schon lange als sogenannte »au-

ßerkörperliche Erfahrungen« bekannt. – 2. Das Erlebnis, auf »helfende Wesen«, verstorbene Verwandte, Freunde, auf eine »Lichtgestalt« zu treffen. – 3. Die Lebensrückschau (Lebenspanorama), die zur Bewertung der eigenen Verhaltensweisen unter dem Gesichtspunkt der Liebe anleitet. – 4. Die Vision eines herrlichen, gleißenden Lichtes, die identisch mit dem Gefühl restloser Harmonie und Geborgenheit ist. – Und schließlich 5. die Rückkehr in den physischen Leib, die übereinstimmend als Enttäuschung erlebt wird, als Abbruch einer wunderschönen Reise, deren Ziel noch lange nicht erreicht war.

Hierzu schreibt der Psychotherapeut Professor Eckart Wiesenhütter, der selbst während eines Lungeninfarkts ein eigenes Sterbeerlebnis hatte: »Alle, die ein echtes Sterbeerleben durchmachten und ins Bewußtsein zurückkehrten, empfinden dieses zunächst als eine unerträgliche Einengung. Die meisten kommen sich jetzt wie im Traum vor, nachdem im Zustand der Überbewußtheit eine viel größere Klarheit um sie oder in ihnen geherrscht hatte.«

Natürlich gibt es unterschiedliche Wege, die Sterbeerlebnisse zu deuten. Niemand, der ein solches Erlebnis berichtete, war ja endgültig tot. Der amerikanische Pharmakologe Ronald K. Siegel führt die geschilderten Erfahrungen auf bestimmte Reizungen des Zentralnervensystems zurück, die er als Fluchtreaktionen in tröstende Halluzinationen angesichts des dramatischen Sterbevorgangs deutet. Andere haben auf die Folgen von Sauerstoffmangel in den Geweben oder einen übermäßigen Kohlendioxydgehalt im Blut hingewiesen. Beides könne Halluzinationen auslösen.

Wir stehen hier vor einem ähnlichen Problem wie auch bei anderen Grenzerfahrungen, etwa bei der mystischen Erleuchtung oder den Erfahrungen in einer Holotropen Therapie: nur von »außen«, also im herkömmlichen Sinne wissenschaftlich betrachtet, läßt sich die Frage nach der »Echtheit« der Sterbeerfahrungen nicht entscheiden. Von »innen« her erlebt, sieht es aber vollkommen anders aus. Wer selbst eine Sterbevision hatte, ist von deren Realität felsenfest überzeugt. Die Behauptung, es handle sich um Halluzinationen, kommt ihm lächerlich vor.

Seine Todesfurcht ist verschwunden, sein Leben verändert sich tiefgreifend.
Und trotzdem gibt es auch Argumente aus wissenschaftlicher Sicht. Da ist zunächst die Tatsache paranormaler Wahrnehmungen während des Sterbevorgangs. Ein von Elisabeth Kübler-Ross durchgeführtes Forschungsprojekt mit Blinden, die mindestens zehn Jahre lang keinerlei Lichtwahrnehmung hatten, ergab folgendes: Auch Blinde erlangten im Zustand der außerkörperlichen Erfahrung während des Sterbevorgangs paranormale Informationen. Sie wußten zum Beispiel über Muster, Farbe und Zuschnitt von Kleidungsstücken der sie umgebenden Personen Bescheid, konnten also Eindrücke schildern, die ihnen als Blinde normalerweise nicht zugänglich waren, die sie als Sterbende aber empfangen hatten.
Noch eindrucksvoller ist, was Elisabeth Kübler-Ross über sterbende Kinder berichtet. Fast jedes Kind hängt an seinen Eltern. Wenn Sterbevisionen Halluzinationen und Wunschphantasien wären, müßte man annehmen, daß die »helfenden Wesen«, die in Sterbeerfahrungen häufig auftauchen, bei Kindern Vater oder Mutter sind. In keinem der über Jahre hinweg untersuchten Fälle war es so. Jenseitige Gestalten erschienen, aber es waren nicht Vater oder Mutter. Allerdings gab es Ausnahmen: Die Eltern tauchten dann in den Visionen der Kinder auf, wenn sie schon gestorben waren, und sei es – wie etwa bei Unfällen – erst vor wenigen Minuten.
Wie die Forschungsergebnisse zeigen, sind die Visionen der Sterbenden höchstwahrscheinlich keine Halluzinationen. Ein *Beweis* für ein Fortleben nach dem Tod sind die Sterbeerlebnisse andererseits auch nicht. Der Tod läßt sich sein Geheimnis nicht entreißen, schon gar nicht mit den Methoden der Wissenschaft. Nach dem Glauben der Religionen ist der Tod ein Verwandlungserlebnis. So wie wir im Mutterleib und bei der Geburt in einen Menschen aus Fleisch und Blut verwandelt wurden, bringt uns der Tod die zweite große Transformation. Der Apostel Paulus wählt im Korintherbrief das Bild des in die Erde gelegten Samens. Damit daraus ein Baum oder eine Blume entsteht, muß die ursprüngliche Form des Samens zerstört und

umgestaltet werden. »›Aber‹, wird mancher fragen, ›*wie* werden die Toten auferweckt, und mit was für einem Leib werden sie ausgestattet sein?‹ Du Tor! der Same, den du säst, bekommt doch auch nur dann Leben, wenn er zuvor gestorben ist; und was du auch säen magst: du säst damit doch nicht schon den Leib, der erst noch entstehen wird, sondern ein bloßes Samenkorn...« (1. Kor. 15,35-36).

## Spiritismus und Channeling – Kanäle zum Jenseits

Während die moderne Thanatologie Erlebnisse von Wiederbelebten sammelt, sammelt, scheint der Spiritismus, den seine Anhänger ebenfalls häufig als wissenschafltich verstehen, Auskünfte über den Zustand der menschlichen Seele nach dem endgültigen physischen Tod zu geben.
Der Spiritismus läßt sich auf die Ahnenkulte der alten Völker zurückführen. Von der Technik der Totenbeschwörung wird schon im Alten Testament berichtet, aber auch die alten Inder, Griechen, Römer und insbesondere die Chinesen kannten die Vorstellung, daß sich die Geister der Toten in unserer Nähe aufhalten und herbeizitiert werden können. In Brasilien haben sich die in der Stammestradition der ehemals afrikanischen Schwarzen verwurzelten Ahnenkulte bis in die Gegenwart erhalten und sind eine enge Verbindung mit dem katholischen Glauben eingegangen. Die über 3000 spiritistischen Zentren sind in der »Spiritistischen Föderation« Brasiliens zusammengeschlossen. Die brasilianischen Spiritisten betreiben Gymnasien, Krankenhäuser, Bibliotheken und Rundfunkanstalten.
Der moderne Spiritismus, wie er in den USA und in Westeupropa an Einfluß gewann, entstand um die Mitte des 19. Jahrhunderts in Hydsville, einer kleinen Ortschaft in der Nähe New Yorks. Dort wurde die Farmersfamilie Fox von spukähnlichen Klopfgeräuschen beunruhigt. Es gelang ihr, eine Art Klopfalphabet zu entwickeln und dadurch in direkten Kontakt mit

Verstorbenen zu treten, die sich durch diese Geräusche zu verstehen gaben. Man setzte sich rund um einen Tisch, bildete, indem man sich ringsum die Hände gab, die sogenannte »Kette«, und wartete auf Geisterbotschaften, die sich als Klopfsignale im Tisch bemerkbar machten. Das sogenannte Tischrükken war entstanden.

Tischrücken und Spiritismus verbreiteten sich sehr rasch über die ganze Erde. Schon zu Ende des letzten Jahrhunderts begannen renommierte Wissenschaftler das Phänomen des Spiritismus zu erforschen. Manche von ihnen, wie etwa der englische Philosoph F.W.H. Myers (1843-1901) oder der Physiker und Nobelpreisträger Sir Oliver Lodge (1851-1940) wurden dabei zu überzeugten Spiritisten, ebenso der Mitarbeiter Darwins, der Zoologe Alfred Russell Wallace (1823-1913). Der Jurist Richard Hodgson (1855- 1905), der sich zunächst durch spektakuläre Entlarvungen spiritistischer Medien einen Namen machte, wandelte sich von Saulus zum Paulus. Ihn beeindruckten die Botschaften aus dem Jenseits so sehr, daß er seinem Tod geradezu entgegenfieberte. Von ihm ist der Ausspruch überliefert: »I can hardly wait to die«. (Ich kann es kaum erwarten zu sterben.)

Gegenwärtig erleben wir eine neue spiritistische Welle. In den USA und neuerdings auch in Europa ist das sogenannte »Channeling« weit verbreitet. In Trance stiften Medien Kontakte zum Jenseits. In Fernsehshows mit Millionenpublikum, im Rundfunk und in zahllosen öffentlichen Auftritten nehmen sie Verbindung mit der Geisterwelt auf. Berühmt wurde die Schriftstellerin Jane Roberts (1929-1984), der ein Geistwesen namens »Seth« Bücher diktierte, die zu Weltbestsellern wurden. Ihre Jenseitskontakte können auch auf Videokassette gekauft werden. Ähnlich erfolgreich war auch die Schauspielerin Shirley MacLaine mit ihrem Buch »Tanz im Licht«, das ihr in nur fünf Wochen aus dem Jenseits diktiert wurde. Im Juni 1988 fand ein Channeling-Kongreß unter dem Motto »Kanal zum Kosmos« in Murnau (Bayern) statt. Eine Reihe von Teilnehmern trug Drahtpyramiden auf dem Kopf, die als Antennen zur jenseitigen Dimension gedacht waren.

Eine gewisse Verbreitung hat auch die sogenannte »Tonbandstimmenforschung« gefunden. Seit der schwedische Filmproduzent Friedrich Jürgenson diese Vorgehensweise in seinem Buch »Sprechfunk mit Verstorbenen« schilderte, gelingt es vielen Spiritisten, die Stimmen verstorbener Verwandter oder Bekannter auf Tonband aufzunehmen. Längst ist diese Verfahrensweise vom Video-Zeitalter eingeholt worden. Der Aachener Rentner Klaus Schreiber hielt über Jahre hinweg die Gestalten verstorbener Verwandter auf Video fest.

Es wäre leicht, Spiritismus und Channeling als Einbildung, ja »Spinnerei« abzutun, wenn sie nicht so augenscheinlich mit nachweisbaren paranormalen Phänomenen verbunden wären. In einer typischen spiritistischen Sitzung kann der Teilnehmer eindrucksvoll erleben, wie das Medium, sobald es mit seinem jenseitigen Partner Verbindung aufgenommen hat, sich in Stimmlage und Mimik vollkommen verwandelt und dann über Dinge spricht, die es auf normalem Wege unmöglich erfahren haben kann. Wenn also ein solches Medium behauptet, es stünde in Kontakt mit der schon lange verstorbenen Mutter eines zufällig anwesenden Teilnehmers und wenn es den Kosenamen nennt, den die Mutter vor Jahrzehnten liebevoll benutzte, so kann es sich nicht mehr um ein Phantasieprodukt des Mediums handeln.

Auch die Tonbandstimmen sind keine Einbildung. Ihre Echtheit ist u.a. von den Parapsychologen des der Universität Freiburg angeschlossenen »Institut für Grenzgebiete der Psychologie und Psychohygiene« bestätigt worden. Nur die Erklärung wird von den Freiburger Wissenschaftlern nicht akzeptiert. Sie halten die Stimmphänomene für Produktionen des Unbewußten.

Auch andere Beweise, die Spiritisten für ihre Kontakte mit dem Jenseits zusammengetragen haben, werden von Parapsychologen oft abweichend gedeutet. Hierzu sei ein Paradebeispiel angeführt, an dem Parapsychologen gerne die verschiedenen Deutungsmöglichkeiten erklären. 1905 machte der in North Carolina (USA) wohnende Farmer James L. Chaffin ein von zwei Zeugen beglaubigtes Testament, in welchem er seine Farm dem dritten seiner vier Söhne vermachte. Im Januar 1919 ver-

faßte er jedoch ein neues Testament, zwar ohne Zeugen, aber handschriftlich und daher rechtsgültig. Nun beschied er, daß sein Eigentum zu gleichen Teilen an seine vier Söhne gehen sollte. Er legte das Testament in eine Familienbibel und starb 1921, ohne irgend jemandem gegenüber die Existenz des Testaments erwähnt zu haben.
Etwa vier Jahre später hatte der zweite Sohn, James, mehrere Träume, in denen ihm der Vater erschien, der zu ihm sagte: »Du wirst mein Testament in der Tasche meines alten Mantels finden.« Der alte Mantel wurde entdeckt und in seiner Tasche ein Zettel, der auf das rechtsgültige Testament in der Familienbibel verwies.
Spiritistisch gesehen war es der Vater, der aus dem Jenseits die wichtige Information über das Verbleiben des Testaments lieferte. Aber es ist ebensogut möglich, daß der Sohn die Information über den Verbleib des Testaments durch Hellsehen erhalten hat. Hellsehen ist experimentell nachgewiesen, auch daß Väter in Träumen erscheinen, ist nichts Ungewöhnliches. Ungewöhnlich muß aber auch hier die Erklärung ausfallen: denn auch Hellsehen widerspricht allen materialistischen und mechanistischen Annahmen über die Natur und ist im Grunde kaum weniger erstaunlich als das Auftauchen von Geistern.
Trotzdem können fast alle spiritistischen Phänomene *auch* als paranormale Fähigkeiten der menschlichen Seele verstanden werden, ganz ohne die Annahme jenseitiger Wesen. Die menschliche Seele nimmt offenbar an einer außerräumlichen und außerzeitlichen Hintergrundswirklichkeit teil. In der Trance setzt sich das Medium mit dieser »vierten Dimension« in Verbindung. Wenn wir annehmen, daß in der »vierten Dimension« wie in einem Supercomputer alle vergangenen, gegenwärtigen und vielleicht auch zukünftigen Informationen gespeichert sind, so ist es im Prinzip möglich, jedes beliebige Wissen über einen Verstorbenen »abzurufen«, auch wenn der »Geist« des Verstorbenen nicht selbst daran mitwirkt.
Doch abgesehen von der Frage nach der Echtheit der Geister, – was verkünden sie? Obgleich es sich überall dort, wo Geister, Engelswesen oder höhere Stimmen einem in Trance versunke-

nen irdischen Medium oft bis zu Tausende von Manuskriptseiten »diktieren«, um Offenbarungen aus der Transzendenz handeln soll, sind die Botschaften keineswegs einheitlich. Die Lehren des schwedischen Visionärs Emanuel Swedenborg (1688- 1772), des heute wieder gern gelesenen Steierischen Musiklehrers Jakob Lorber (1800-1864) oder die aus übersinnlichen Quellen schöpfenden Bücher Allan Kardecs (1804-1869), des berühmten Spiritisten des 19. Jahrhunderts, stimmen in vielen wesentlichen Punkten nicht überein.

So nimmt etwa Swedenborg die Existenz einer Hölle an, in der sich die bösen Menschen gegenseitig quälen, während »Seth«, das Geistwesen, das durch Jane Roberts sprach, verkündete, daß es keine Hölle gebe und das Böse eine Art selbstgeschaffene Projektion der Menschen sei. Auch lassen sich gerade bei den älteren spiritistischen Offenbarungen sehr viele zeitgebundene Elemente erkennen. Allan Kardec etwa teilt den Rassismus und den Zivilisationsstolz des 19. Jahrhunderts, wenn er annimmt, daß die »Wilden« in der Reihe der Inkarnationen weit weniger fortgeschritten seien als die »Zivilisierten« und allenfalls das Glück von Tieren genießen könnten. Heute neigen Spiritisten dazu, es umgekehrt zu sehen.

Von solchen Ungereimtheiten abgesehen, scheint die zentrale Botschaft des Spiritismus ziemlich einheitlich darin zu bestehen, daß das Leben eine Prüfung sei, Welt und Überwelt eine Hierarchie des Aufstiegs, der Bewährung und der Läuterung. Ein feinstofflicher Äther- oder Astralleib trenne sich in der Todesstunde vom physischen Körper und setze seinen Läuterungsweg auf einer Stufenleiter höherer Seinsebenen oder auch auf anderen, höherentwickelten Sternen fort. Sehr häufig taucht der Gedanke der Wiedergeburt auf.

## Wiedergeburt – Karma und das Rad des Lebens

Das Thema Reinkarnation ist heute ein beliebter Gesprächsstoff. »Die Reinkarnationslehre erklärt mir sehr vieles«, sagte mir eine Bekannte, deren Intuition und Nachdenklichkeit ich schätze. »Nicht bloß über den Sinn meines eigenen Lebens gibt sie Aufschluß. Es wird mir auch verständlicher, weshalb ich in meinem Leben auf ganz bestimmte Menschen treffen mußte, zum Beispiel auf meinen Mann, und weshalb ich diese bestimmten Kinder habe. Wir waren bereits in einem früheren Leben zusammen und haben noch etwas aufzuarbeiten.«

Wie man zur Reinkarnation auch stehen mag, der Glaube daran kann auf eine alte Tradition zurückblicken. Nicht nur im Hinduismus und Buddhismus, auch bei vielen esoterischen Denkern spielt er eine Rolle. Sogar im frühen Christentum gab es Vertreter des Reinkarnationsgedankens, deren Lehre im sechsten Jahrhundert von der Kirche verurteilt wurde.

Der Wiederverkörperungsglaube der östlichen Religionen geht davon aus, daß alle Lebewesen an »Samsara«, das Rad der Existenzen gekettet sind. In einem fast endlosen Kreislauf wiederholen sich Geburt, Leben, Tod und Wiedergeburt. Aus diesem Kreislauf errettet zu werden, ist das Ziel und der Sinn des Lebens. Hierzu ist es notwendig, gute Taten zu vollbringen und sich auf den Weg der spirituellen Erleuchtung zu begeben, wodurch gutes »Karma« angesammelt wird. Karma ist eine Art »Schuldkonto«, das den Tod des Individuums überdauert. Auf ihm summieren sich die Ergebnisse guter und böser Werke von Existenz zu Existenz.

Aber auch in einem anderen Sinn findet sich der Gedanke der Wiedergeburt in fast allen Religionen und spirituellen Lehren. Es geht um die *innere* Wandlung durch Tod und Wiederauferstehung in ein neues Leben. Ihr zentrales Symbol ist der Vogel Phönix, der sich neugeboren aus dem Feuer erhebt. Die Mysterien von Eleusis haben diesen Wandlungsprozeß im Ritual dargestellt: Wer das esoterische Geheimnis schauen wollte, mußte erst durch verschlungene unterirdische Gänge wandern und

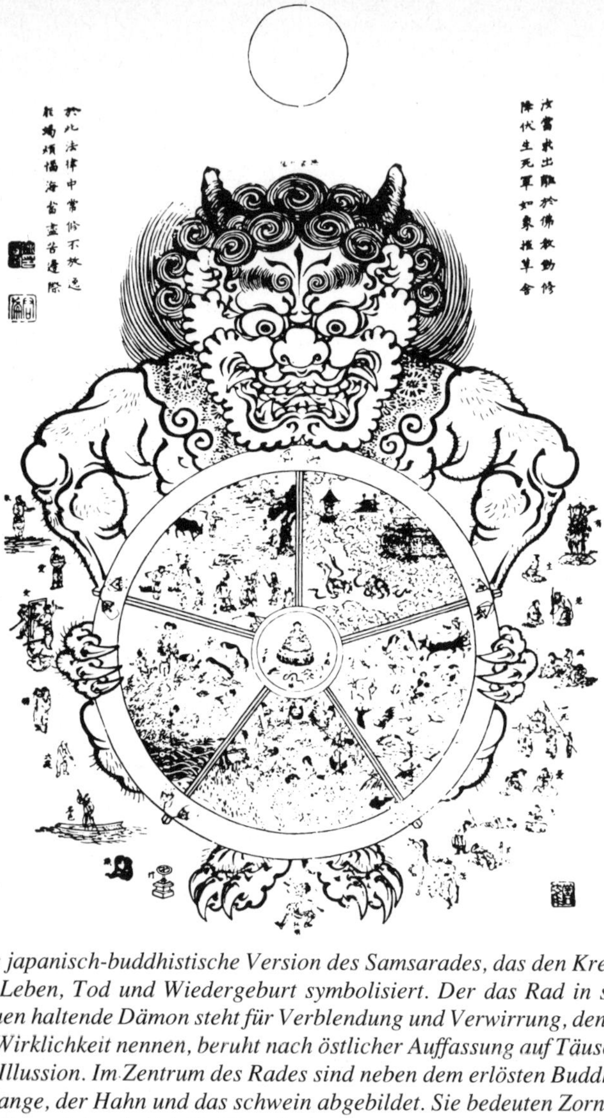


*Eine japanisch-buddhistische Version des Samsarades, das den Kreislauf von Leben, Tod und Wiedergeburt symbolisiert. Der das Rad in seinen Klauen haltende Dämon steht für Verblendung und Verwirrung, denn was wir Wirklichkeit nennen, beruht nach östlicher Auffassung auf Täuschung und Illussion. Im Zentrum des Rades sind neben dem erlösten Buddha die Schlange, der Hahn und das schwein abgebildet. Sie bedeuten Zorn, Gier und Dummheit, die Triebkräfte, die das Samsararad in Bewegung halten. Zwischen den Speichen des Rades sind Himmel, Hölle und Situationen aus dem menschlichen Leben zu sehen. Alle diese Bereiche läßt der Weise hinter sich, wenn er aus dem Kreislauf der Wiedergeburten aussteigt und ins Nirwana eingeht.*

wurde dort in Angst und Schrecken versetzt. Dann erreichte er den hellen Tag, wo man ihn mit Tanzchören und heiligen Gesängen empfing. Ähnlich ist die Initiation des Schamanen mit dem Erlebnis von Tod, Höllenfahrt und Wiedergeburt verbunden, aber auch der alte, weit über das Christentum hinausreichende Gedanke des sterbenden und wieder auferstehenden Gottes gehört hierher. »... niedergefahren zur Hölle, am dritten Tage wieder auferstanden von den Toten...« heißt es im evangelischen Glaubensbekenntnis über Jesus Christus. Und auch in den spirituell ausgerichteten Therapien spielt das Erlebnis von Tod, Vernichtung in der »Unterwelt« und Wiedergeburt eine zentrale Rolle.

Zumeist verbindet man mit der Wiedergeburtslehre jedoch den östlichen Gedanken von Karma und Reinkarnation. Interessanterweise ist die Reinkarnationslehre neuerdings auch durch wissenschaftliche Untersuchungen gestützt worden. In erster Linie müssen hier die bekannten Forschungen des amerikanischen Psychiaters und Parapsychologen Ian Stevenson genannt werden. Seit Ende der fünfziger Jahre hat er mit geradezu kriminalistischer Akribie an die 1700 Fälle bewußter Erinnerung an frühere Leben gesammelt – in Indien, Thailand, Burma, Ceylon, den Indianergebieten Alaskas, in Brasilien, der Türkei, Syrien und dem Libanon. Meist handelte es sich um Kinder, die, sobald sie zu sprechen anfingen, genaue Angaben über ein Vorleben machten, Angaben, die Stevenson an Ort und Stelle überprüfte. So führten ihn manche Kinder zu ihren vormaligen Eltern und wußten über diese Einzelheiten zu berichten, die ihnen unmöglich bekannt sein konnten. Manche Kinder wiesen angeborene Narben oder Entstellungen auf, die in einem sinnvollen Zusammenhang mit ihren angeblichen früheren Leben standen. Am Hals eines indischen Jungen befand sich ein Mal, das ganz wie die alte Narbe einer verheilten Schnittwunde aussah. Der Junge gab an, in seinem letzten Leben ermordet worden zu sein. Der Bericht des Jungen über die Umstände des Mordes wurde überprüft und konnte bestätigt werden.

Ein weiteres Argument zugunsten der Reinkarnation sind die Ergebnisse der sogenannten »Rückführungen« in frühere Leben. Ein Therapeut fordert einen hypnotisierten Klienten auf, sich an vergangene Erlebnisse zu erinnern. Er bleibt aber nicht bei der Kindheit stehen, sondern ruft Erinnerungen an vorgeburtliche Zustände im Mutterleib, den Moment der Zeugung und schließlich die Ereignisse früherer Erdenleben wach. Das Ziel dieser »Reinkarnationstherapie« ist es, die Traumata vergangener Existenzen bewußt zu machen, um den Patienten von seinen Problemen zu befreien.

Seit in den fünfziger Jahren englische und amerikanische Psychologen diese Methode entdeckten, ist sehr viel Material zusammengetragen worden. Am interessantesten ist wohl die Studie der amerikanischen klinischen Psychologin Helen S. Wambach, die die oft sehr konkreten Aussagen der »Rückgeführten« in allen Einzelheiten und mit Hilfe statistischer Methoden auf ihre historische Glaubwürdigkeit überprüfte. Dabei kam sie zu dem Ergebnis, daß »die Theorie der Reinkarnation (...) eine sehr brauchbare Hypothese« sei.

Auch Stanislav Grof berichtet von derartigen Reinkarnationserlebnissen, deren Stimmigkeit sich überprüfen ließ. Während der therapeutischen Sitzungen hatte ein Patient die Vision einer auf einem Küstenfelsen gelegenen Festung. Er sah Soldaten, die offenbar Spanier waren, und er erfuhr sich selbst als einen Priester, der einen Siegelring mit bestimmten Initialen trug. Schließlich kam es zu einer Schlacht, bei der er von einem Schwert durchbohrt und über die Wälle der Festung geworfen wurde. Da der Patient ein begabter Maler war, hielt er alle diese Visionen in Bildern fest.

Aus einem plötzlichen Impuls heraus fuhr dieser Mann während seines Urlaubs nach Irland. Dort stieß er auf eine von Festungswällen umgebene Ruine auf einem Felsen über der Küste, die genau seinen Visionen und den gemalten Bildern entsprach. Als er in Bibliotheken weiterforschte, wurde ihm klar, was damals geschehen war: Im 16. Jahrhundert hatten die Spanier die irische Festung besetzt. Es war zur Schlacht mit den Engländern gekommen, welche die Spanier erbarmungslos niedergemetzelt und über die Festungswälle auf den Strand geworfen hatten. Auch ein Priester war mit den spanischen Soldaten gestorben. Seine Initialen waren identisch mit denen, die der Patient in seiner Vision erblickt und in einer Zeichnung festgehalten hatte.

## Gefahren und Abwege

Wo liegen die Gefahren der Beschäftigung mit Tod und Jenseits? Die Todesverleugnung der modernen Gesellschaft macht uns abhängig von innerweltlichen Heilsangeboten und verstärkt unsere Orientierung am Vordergründigen. Auf der anderen Seite besteht die Gefahr, mit Tod und Jenseits so umzugehen, als seien sie im Grunde genommen nur eine andere Seite des Diesseits. Auch diese Haltung läuft auf eine Art Todesverleugnung hinaus, durch die man es sich mit diesem Grundproblem der Menschheit doch etwas zu leicht macht. Spiritisten und Channeling-Anhänger reden oft in einer Art und Weise von jenseitigen Dingen, als handle es sich um ganz alltägliche Angelegenheiten. Dagegen haben die großen Theologen, Mystiker und Philosophen, besonders die des Ostens, immer wieder betont, daß man über das Jenseits nicht *reden* kann, jedenfalls nicht so wie über die diesseitige Welt. D. T. Suzuki, der bekannte japanische Zen-Meister, hat wiederholt klargemacht, daß die menschliche Sprache für Jenseitiges völlig ungeeignet ist. Er glaubte sogar, daß sich Menschen, die über Jenseitiges wie über Diesseitiges sprechen, gegen wahrhafte spirituelle Erfahrungen absperren. Außerdem verharmlosen sie etwas, was im Grunde nicht »harmlos« ist, sondern zu den tiefen und wichtigen Erschütterungen des menschlichen Lebens gehört: Tod und Sterben.

Deutlich wird dieser fast schon »materialistische« Umgang mit Tod und Jenseits bei den Tonbandstimmenforschern, die sich zu einem Verband zusammengeschlossen haben. Viele von ihnen stellen sich das Jenseits als einfache Verlängerung des Diesseits vor. Zudem glauben sie, ihre Thesen wissenschaftlich beweisen zu können, was in spirituellen Dingen immer ein problematischer Ansatz ist. Ihr Vorsitzender, Fidelio Köberle, behauptet, im Jenseits gehe es »genauso zu, wie bei uns auch«, es sei dort »ein Leben fast wie zu Hause«. »Ich möchte den Tod vergleichen mit einer Auswanderung nach Amerika. Dort sind die Verhältnisse zwar anders, aber auch nicht so fremd, daß man sich nicht zurechtfinden könnte.« »Ich habe immer gesagt: ›Tote sind auch nur Menschen‹, was heißen soll: Durch den Tod werden wir kein bißchen besser, weiser, intelligenter oder gebildeter (...).«

Auch unter Channeling-Anhängern gibt es diesen merkwürdigen spirituellen Materialismus. Auf dem Channeling-Kongreß »Kanal zum Kosmos« vom 16. bis 19. Juni 1988 in Murnau machte die »Space Brotherhood«, die Weltraumbruderschaft, von sich reden. Die Weltraumbruderschaft glaubt, daß die Jenseitigen auf benachbarten Galaxien wohnen und uns von dort Anweisungen erteilen, wie die schwierigen Verhältnisse auf der Erde geordnet werden können.

Vergleichbare, mit naiven politischen Hoffnungen verbundene Vorstellungen gibt es auch bei anderen Gruppen. Einerseits wird ein gewaltiger Anspruch auf Weltverbesserung erhoben, andererseits neigt man tatenlos zu einer Haltung des Abwartens: Jenseitige Mächte werden alles Weitere besorgen! Oder man greift zu naiven magischen Mitteln und läßt es damit genug sein. Die Weltraumbruderschaft glaubt zum Beispiel, daß drei Kristalle, an bestimmten Stellen der Erde vergraben, unseren Planeten »energetisch« heilen werden.

Auch der Reinkarnationsglaube wird manchmal in einer etwas naiven und im Grund wenig spirituellen Art vertreten, wenn er auf recht einfache Weise zu erklären versucht, weshalb es so enorme Unterschiede auf dieser Welt gibt: die einen leben im Reichtum und Überfluß, andere verhungern, einer ist begabt und erfolgreich, ein anderer verfügt über keinerlei Talente und geht unter, wieder andere haben Weisheit und tiefe Einsichten erlangt, während manch einer schon in seiner Jugend kriminell wird und sein Leben im Gefängnis fristet.

Nur mit dem Verstand betrachtet, ist es unbegreiflich, wie ein gütiger Gott solche krassen Gegensätze zulassen kann. Sollte nicht jeder Mensch die gleiche Chance in diesem Leben haben? Die Antwort der Reinkarnationslehre: Wer in seinem Vorleben schlechtes Karma angesammelt hat, wird leiden müssen, wer positiv gehandelt hat, kann in diesem Leben die Früchte ernten. Doch fragt es sich, ob diese Erklärung vielleicht nur die Spiegelung unserer Wünsche und Hoffnungen ist. Wird nicht auch hier mit einer recht menschlichen Formel das Geheimnis von Tod und Jenseits entschleiert? Könnte Gott mit uns Menschen nicht etwas vorhaben, das wir jetzt noch nicht begreifen, etwas, das wir erst nach unserem Tod einmal verstehen werden?

Interessanterweise steht der Reinkarnationsgedanke auch in einem gewissen Widerspruch zur christlichen Gnadenlehre. Jesus wandte sich gerade den Sündern zu. Wenn sie nur glaubten, hielt er, zum Ärger der jüdischen Orthodoxie, auch gesellschaftlich Geächtete wie Zöllner und Huren für erlösungsfähig und schenkte ihnen seine Gnade. Sie brauchten kein gutes Karma angesammelt zu haben.

Wichtig ist auch ein anderer Kritikpunkt an der Reinkarnationslehre. Seltsamerweise scheint der Gedanke an die Reinkarnation im Westen eine positive Vorstellung zu sein. Im Osten ist Wiedergeburt aber eine Strafe! Das höchste Ziel ist es dort, *nicht* wiedergeboren zu werden, Samsara, den Kreislauf der Existenzen, zu durchbrechen. Samsara wird als Rad symbolisiert: auf östlichen Darstellungen hält ein Dämon dieses Rad in seinen Klauen. Buddhisten streben nach dem »Nirwana«, Hindus nach »Moksha« oder »Mukti«, dem Zustand jenseits irdischen Lebens. Bis auf den heutigen Tag werfen sich fromme Hindus unter die Räder des bei Prozessionen ausgefahrenen Streitwagens des Gottes Shiva. Die gewaltigen Holzräder dieses Wagens symbolisieren Samsara; wer von ihnen zermalmt wird, entkommt dem Kreislauf von Tod und Wiedergeburt.

Als die Reinkarnationslehre den Westen erreichte, wurde daraus aber ein tröstender Gedanke: Ihr werdet weiterleben, heißt es nun. Durch den Tod wird sich nichts Wesentliches ändern! Aber ist der Tod, wie der Tonbandstimmenforscher Köberle annimmt, wirklich nur eine Art »Auswanderung nach Amerika« – oder ein Ausflug in ein neues Erdenleben?

# New Age – Ein neuer Mensch, eine neue Welt

Die Welt – so Fritjof Capra, der bekannteste Denker des New Age – befindet sich in einer Krise, und zwar einer Krise »von intellektuellen, moralischen und spirituellen Dimensionen, von einem Umfang und einer Eindringlichkeit, wie sie in der aufgezeichneten Geschichte ohne Beispiel dasteht«. Ihre Ursache hat diese Krise nach Auffassung der neuen spirituellen Bewegungen nicht so sehr in wirtschaftlichen, politischen oder sozialen Fehlentwicklungen, sondern in einer verkehrten Bewußtseinshaltung.

Eine amerikanische Arbeitsgruppe transpersonaler Psychologen geht sogar so weit, das als normal angesehene menschliche Alltagsbewußtsein als »psychotisch« zu bezeichnen: »Abendländische Psychologie definiert Psychose als einen reduzierten Bewußtseinszustand, in dem die Wirklichkeit verzerrt gesehen und diese Verzerrung nicht erkannt wird. Aus der mystischen Perspektive betrachtet, erfüllt unser Normalzustand alle Kriterien der Psychose: Er ist ein reduzierter Zustand, verzerrt die Wirklichkeit und läßt kein Erkennen dieser Verzerrung zu. Von der Warte des höchsten Bewußtseinsniveaus betrachtet, genügt jeder einzelne Bewußtseinszustand den Kriterien der Psychose, denn jeder ist, für sich genommen, notwendigerweise beschränkt und nur relativ real.«

Unser Normalzustand sei psychotisch, also krank und illusionär. Dies entspricht der indischen »Maya-Lehre«. Nach dieser Vorstellung ist die Welt eine vordergründige Illusion. Nur in der Vereinigung der Seele mit dem Ganzen liegt die Wahrheit. Aber der letzte Satz des Zitats weist auch darauf hin, daß jeder *einzelne* Bewußtseinszustand psychotisch ist. Also auch der Asket, der der Welt den Rücken kehrt, oder der Magier, der den gesunden Menschenverstand völlig verliert, kann nicht behaup-

ten, voll erwacht zu sein. Erst alle dem Menschen möglichen Bewußtseinszustände zusammengenommen machen das Ganze aus, führen zu einem »integralen Bewußtsein«, wie der zeitgenössische Philosoph Jean Gebser es nennt, von dem her das Leben in einer neuen Weise erfahren und gestaltet werden kann.
Wie sieht das Menschenbild aus, das diesem integralen Bewußtseinszustand entspricht? Das Entscheidende ist, daß der Mensch seine Einbindung in das kosmische Ganze erfährt. Wege zu diesem Ziel sind in diesem Buch beschrieben worden. Mystische Versenkung, esoterische Erfahrung, die Begegnung mit dem Paranormalen oder die Techniken der transpersonalen Psychologie – alles sind Möglichkeiten, aus dem »psychotischen« Normalzustand herauszufinden. Die Lieblingsbegriffe der New Age-Bewegung in diesem Zusammenhang sind »Transformation« und »Evolution«. Transformation ist die Verwandlung, die der Mensch vollzieht, indem er sich als integraler Teil des Kosmos erfährt. Aber diese persönliche Transformation weist auch auf eine kosmische Evolution hin, die sich in der Gegenwart abzeichnet. Viele glauben an einen großen Bewußtseinssprung, der die Menschen in ihrer historischen Entwicklung auf eine neue Stufe heben wird.
Alle 2100 Jahre wechselt die Erde auf ihrer Umlaufbahn durch die Sternbilder in ein neues Zeichen. Zur Zeit geht sie ins Zeichen des Wassermanns über, das zu Harmonie, Frieden und Verständnis führen soll.
Der ganzheitliche Mensch des Wassermannzeitalters wird ein neuer Mensch sein: Er wird sich nicht mehr als ein isoliertes Stück Materie betrachten, sondern wissen, daß er eine Organisationsform des kosmischen Urstoffs ist und damit ein komplexer Ausdruck des Weltalls. Der ganzheitliche Mensch wird sich aller seiner Kräfte bewußt sein. Er wird fähig sein, zu denken *und* zu fühlen, zu analysieren *und* innerlich zu erfahren, er wird über Verstand *und* über Intuition verfügen, d.h. er wird wahrhaft kreativ sein.
Die Gehirnphysiologie hat herausgefunden, daß wir vorwiegend nur unsere linke Gehirnhälfte nutzen. Die linke Hälfte ist für rationale und intellektuelle Operationen zuständig. Der ganz-

heitliche Mensch wird aber auch die rechte Gehirnhälfte aktivieren. Sie ist für Intuition, Herz und Gefühl verantwortlich und für mystische Erfahrungen. Zur Ganzheit gehört ferner das Streben nach der Einheit von Yin und Yang, dem weiblichen und dem männlichen Prinzip. Damit wird sich unsere Kultur verwandeln, die bisher dem männlichen Prinzip den Vorrang einräumt.

Diese neue Ganzheit wird Konsequenzen auch für den politischen Bereich haben. »Irgendwann muß jeder, der sich mit der Transformation des Individuums beschäftigt, zum gesellschaftlichen Handeln übergehen«, schreibt Marilyn Ferguson in ihrem inspirierenden Aufruf zu einer globalen Veränderung, der zu einer Art Manifest der New Age-Bewegung geworden ist. Sie kündigt eine »sanfte Verschwörung« an zwischen Menschen, die bereits den neuen Geist in sich spüren. Gewaltfrei sei diese Verschwörung; Satyagraha, Gandhis Grundsatz, sei der führende: die Macht der Wahrheit. Wenn Gewaltlosigkeit im Vordergrund steht, satyagraha das Prinzip der kommenden Zeit ist, »dann gehört den Frauen die Zukunft«. Die Werte, die traditionell als weiblich bezeichnet werden – Mitgefühl, Kooperation, Geduld –, werden, darin sind sich viele New Age-Denker einig, bei der Geburt dieser neuen Ära dringend benötigt.

Das politische Mittel, eine neue Gesellschaft zu erreichen, sieht Marilyn Ferguson im Netzwerkgedanken. Der neuen Spiritualitität wird häufig vorgeworfen, sie sei unpolitisch und versuche durch Nichtstun eine gesellschaftliche Veränderung hervorzurufen. Der Schweizer Publizist Hans A. Pestalozzi spricht deshalb nicht von sanfter Verschwörung, sondern von »sanfter Verblödung«. »Was nützt mir das veränderte Bewußtsein, wenn mir die Strukturen nicht erlauben, mich anders zu verhalten.«

Marilyn Ferguson hält eine Veränderung der Strukturen durchaus für möglich. Den bürokratischen, zentralistischen, an Macht und Gewinn orientierten Großorganisationen der Gegenwart möchte sie das Netzwerk entgegensetzen, dessen Entstehung bereits heute zu beobachten sei. Das Netzwerk ist ein weltweites Geflecht spontan sich bildender Gruppen, die ohne Programm aus einem gemeinsamen Geist heraus zusammenarbeiten. Im

Grunde meint Ferguson die Alternativbewegung im weitesten Sinn, sie meint die Selbsthilfegruppen, die alternativen Projekte, die ökologischen Landkommunen, die Meditationszentren. In diesen Gruppen gibt es keine Anführer, gibt es keine feste Ideologie, keine Unterordnung des einzelnen unter die Gruppe, keine zentrale Organisation. Das Gemeinsame des Netzwerks ist sein Geist. Und dieser Geist sei bei vielen weltweit feststellbar, in Europa, in Amerika, in Australien.

Ferguson möchte also durchaus die politischen Strukturen verändern. Der macht- und geldorientierten Gesellschaft hält sie das geistorientierte *Netzwerk* entgegen. Seine Ausbreitung hätte umwälzende Konsequenzen für Staat und Wirtschaft. Ferguson und viele andere New Age-Vertreter glauben, daß bereits eine »kritische Menge« transformierter Menschen genüge, um das Gesamtsystem zum Umkippen zu bringen. Spiritualität stecke an. Satyagraha, die Macht der Wahrheit, werde schließlich auch diejenigen überzeugen, die noch zögern.

Und dies ist der Gedanke, der tatsächlich für jeden heute überzeugend sein müßte: Sollte es dem Menschen nicht bald gelingen, seinen Planeten als ökologische Ganzheit zu begreifen und sich dieser Erkenntnis entsprechend zu verhalten, so wird ein Überleben auf Dauer kaum möglich sein. Der Mensch muß aufhören, die Natur als Ausbeutungsobjekt zu betrachten, das er über kurze Zeit für egoistische Zwecke nutzen kann, um dann eine Trümmerwüste zurückzulassen. Die Erde ist ein geistiges Lebewesen, und der Mensch ist ein Glied am Körper dieser lebendigen Einheit.

Woher anders als aus einer spirituellen Einstellung kann diese Überzeugung kommen? Nur wenn die krasse Trennung zwischen Mensch und Natur überwunden wird – hier der von allem Natürlichen isolierte Mensch, dort die zur Plünderung freigegebene Erde – wird eine Rettung möglich sein. Nur wenn die krasse Trennung zwischen den Menschen und Völkern aufgehoben wird, kann es zum Frieden kommen und die Gefahr der atomaren Selbstvernichtung gebannt werden. Nur eine spirituelle Transformation kann diesen Weg eröffnen. Der New Age Denker Peter Russell drückt es so aus: »In der tiefsten Ebene meines Seins bin ich von der gleichen Essenz, von gleichem Wesen wie du und ihr, bin gleich mit dem ganzen All. Wir sind alle vom gleichen Wesen, und ich erfahre mein Selbst als dieses.«

Die ganzheitliche Sicht der neuen Spiritualität zeigt also den einzigen gangbaren Weg auf, der uns noch eine Zukunftsperspektive eröffnet. Diese Perspektive ist anspruchsvoll, und viele wagen kaum daran zu glauben. Aber gibt es eine Alternative?

# Anhang

## Dank

Dieses Buch wäre ohne die Hilfe einer Reihe von Informanten und Beratern nicht zustande gekommen. Herzlich danke ich Moritz Rukiek für seine Unterstützung und Ermutigung. Die skeptische Durchsicht des Manuskripts übernahm Thomas Kreihe. Frau Dr. Hildegard Milbergs konstruktive Kritik zwang mich zum wiederholten Überdenken des Textes. Wichtige Anregungen erfuhr ich in Gesprächen mit Madlen Behrens, Werner Dörge, Almuth Haller, Irene von Kienle, Uta Wiedey und Lissia Neeliplakal. Dem »Institut für Grenzgebiete der Psychologie und Psychohygiene« in Freiburg danke ich für seine Kooperationsbereitschaft.

# Literatur

## 1. Parapsychologie

Zur Parapsychologie ist das aktuelle Büchlein des bekannten Parapsychologen *Hans Bender* zu empfehlen: »Umgang mit dem Okkulten« (Aurum, 2. Aufl. 1986). Bender geht auch auf die »okkulte Welle« ein, auf die Frage, ob wir den Tod überleben und auf die Reinkarnationslehre. – Eine gute Übersicht über das Gesamtgebiet der Parapsychologie, über »außersinnliche Wahrnehmung«, über »paraphysikalische Phänomene« und über »Präkognition« gibt der renommierte Kenner der Szene *Milan Ryzl*: »Parapsychologie« (Knaur, 1983). – Die Wege und Irrwege der Jagd nach dem Paranormalen sowie dessen Chancen und Gefahren beleuchtet *Harald Wiesendanger* in seinem kürzlich erschienenen Buch: »Die Jagd nach Psi« (Aurum, 1989). – Wer seine eigenen paranormalen Fähigkeiten trainieren möchte, dem sei folgendes Buch empfohlen: *S. Ostrander/L. Schroeder:* »PSI-Training. Das umfassende Handbuch mit praktischen Anleitungen zur Aktivierung des eigenen PSI-Potentials« (Heyne, 1987). – Welche Konsequenzen die Ergebnisse der Parapsychologie für ein neues Weltbild haben zeigt in Zusammenhang mit der neuen Physik auf sehr anregende Weise der bekannte Schriftsteller *Arthur Koestler:* »Die Wurzeln des Zufalls« (Suhrkamp, 1974).

## 2. Mystik

Wer mehr über das Leben großer Mystiker erfahren möchte, sei auf *G. Ruhbach/J. Sudbrack* (Hrsg.): »Große Mystiker« (Beck, 1984) verwiesen. Über die Mystik allgemein informiert in verständlicher Weise *Josef Sudbrack:* »Mystik« (Quell, 1988).

Den Zusammenhang von westlicher und östlicher Spiritualität zeigt der berühmte Zen-Meister *D.T. Suzuki* auf in: »Der östliche und der westliche Weg. Essays über christliche und buddhistische Mystik« (Ullstein). Wichtig zu diesem Thema ist auch das Buch des Benediktiners *Bede Griffiths:* »Rückkehr zur Mitte. Das Gemeinsame östlicher und westlicher Spiritualität« (Kösel, 1987).

Über östliche Religionen informiert kompetent und umfassend der Indologe *Heinrich Zimmer:* »Philosophie und Religion Indiens« (Suhrkamp, 1976). Über den hinduistischen Weg zur Weisheit erfährt man viel durch die Werke des erwähnten »Mustergurus« *Sri Ramana Maharshi*, die Arthur Osborne zusammengestellt und herausgegeben hat, besonders: »Ramana Maharshi. Seine Lehren« (Hugendubel, 1983). Die speziell für westliche Leser geschriebenen Bücher von *Tarthang Tulku* erschließen den buddhistischen Weg, z.B. »Psychische Energie und inneres Gleichgewicht« (Aurum, 1981) und »Raum, Zeit und Erkenntnis« (Scherz, 1983).

Auf sehr persönliche Weise und stark autobiographisch geprägt, führen zwei Bücher in die islamische Mystik ein: *Reshad Feild:* »Ich ging den Weg des Derwischs« (Fischer, 7. Aufl. 1986) und *Irina Tweedie:* »Wie Phoenix aus der Asche. Mein Abenteuer auf dem Weg der Sufis – dem ›Pfad der Liebe‹« (Rowohlt, 1984).

Der Klassiker zum Thema Schamanismus stammt von dem bekannten Religionswissenschaftler *Mircea Eliade:* »Schamanismus und archaische Ekstasetechnik« (Suhrkamp, 1975). Eine knappe Einführung gibt *Elmar Gruber:* »Traum, Trance und Tod. Aus der geheimnisvollen Welt der Schamanen, Einführung und Erfahrungsbericht« (Herder, 1985). Der wichtigste Titel von *Carlos Castaneda*, dem Lehrling des Indianerschamanen Don Juan, ist: »Die Lehren des Don Juan. Ein Yaqui-Weg des Wissens.« (Fischer, 20. Aufl. 1988).

Zum Thema Drogenmystik lohnt sich die Lektüre des berühmten Buchs von *Aldous Huxley:* »Die Pforten der Wahrnehmung. Himmel und Hölle, Erfahrungen mit Drogen« (Piper, 12. Aufl. 1986). Huxley schildert anschaulich seine eigenen mystischen Erfahrungen mit Drogen und knüpft interessante Überlegungen daran.

Das Standardwerk für Meditationsanfänger ist *L. Schwäbisch/M. Siems:* »Selbstentfaltung durch Meditation. Eine praktische Anleitung« (Rowohlt, 1987). Einen guten Überblick über das Thema Meditation mit praktischer Anleitung gibt auch *Patricia Carrington:* »Das große Buch der Meditation« (Heyne, 1988). Beeindruckend, weil aus dem persönlichen Erleben heraus geschrieben, ist das kleine Büchlein des Schweizer Arztes *Jürg Wunderli:* »Schritte nach innen. Meine Erfahrungen mit Meditation« (Herder, 1985). Empfehlenswert ist auch das Buch des Theologie-Professors *Hans Waldenfels:* »An der Grenze des Denkbaren. Meditation – Ost und West« (Kösel, 1988). Körperbezogene Heilmeditation bietet »Finde dich selbst durch Meditation« (Kösel, 1984) der belgischen Heilerin Hetty Draayer an. Eine Einführung in die Praxis der christlichen Kontemplation geben *Alphonse und Rachel Goettmann:* »Meditieren im Atem Gottes. Eine Einübung für Christen« (Herder, 1989).

Sehr populär wurden die Yoga-Bücher von *Kareen Zebroff*, z.B. »Yoga für Jeden« (Falken, Neuaufl. 1987). Eine fundierte Einführung

sowohl in Wesen als auch in Methode des Yoga gibt der indische Weise *Shri Yukteswar:* »Die heilige Wissenschaft« (Scherz, 1984). Ein Bestseller ist die eindrucksvolle »Autobiographie eines Yogi« von *Paramahamsa Yogananda* (Scherz, 12. Aufl. 1986). Seine Erfahrungen mit indischen Gurus schildert höchst anschaulich *Paul Brunton:* »Von Yogis, Magiern und Fakiren. Begegnungen in Indien« (Knaur). Zum Zen-Buddhismus empfehlen sich die Schriften des christlichen Zen-Meisters *Hugo M. Enomiya-Lassalle*, z.B.: »Zen und christliche Spiritualität« (Kösel, 1987), »Zen-Unterweisung« (Kösel, 1988) oder: »Kraft aus dem Schweigen. Einübung in die Zen-Meditation« (Herder, 1988). Als meisterhafte Klassiker der Zen-Literatur sind zu nennen: »Die drei Pfeiler des Zen« von *Philip Kapleau* (Scherz, 1979), »Zen-Geist, Anfänger-Geist« von *Shunryu Suzuki Roshi* (Theseus, 3. Aufl. 1982) sowie »Zen in der Kunst des Bogenschießens« (Scherz, 21. Aufl. 1983) des erwähnten deutschen Philosophie-Professors *Eugen Herrigel.*
Die mehr kritischen Aspekte der gegenwärtigen Spiritualität beleuchtet sachkundig der Leiter der »Evangelischen Zentralstelle für Weltanschauungsfragen« *Reinhard Hummel*: »Gurus in Ost und West. Hintergründe – Erfahrungen – Kriterien« (Gütersloher Verlagshaus, 1987). Für Christen, die sich spirituell entwickeln wollen, dabei aber in innere Konflikte mit ihrem Kirchenglauben geraten, ist das äußerst anregende Buch von *Siegfried Rudolf Dunde* geeignet: »Neue Spiritualität. Selbsterfahrung des religiösen Wandels« (Fischer, 1986).

## 3. Esoterische Praktiken

Bibliographiecharakter zum gesamten Gebiet der Esoterik hat *Bruno Martin:* »Handbuch der spirituellen Wege« (Rowohlt, 1986). Sämtliche Publikationen des esoterischen Marktangebots sind im »Esoterik Almanach« gesammelt, herausgegeben von *Jens Dittmar*. Der psychologische Sinn esoterischer Praktiken wird einfühlsam von *Jürgen vom Scheidt* beschrieben: »Antworten aus dem Unbewußten. Erfahrungen mit I-Ging, Tarot und anderen esoterischen Praktiken« (Herder, 1986). Über tausend Adressen der »Esoterik-Szene« stehen im »Spirituellen Adressbuch für den deutschsprachigen Raum« (Param, 1987).
Die Magie aus der Sicht eines modernen Magiers stellt *W.E. Butler* dar: »Die hohe Schule der Magie. Praktische Anleitung zur Ausbildung und Nutzung supranormaler Fähigkeiten« (Bauer, 3. Aufl. 1987). Wer das Buch mit kritischer Distanz liest, tut es mit Gewinn. Wertvoll

für ein psychologisches Verständnis ist das Buch des Psychotherapeuten und Parapsychologen *Lutz Müller:* »Magie. Tiefenpsychologischer Zugang zu den Geheimwissenschaften« (Kreuz, 1989). Die quasi magischen Aspekte moderner naturwissenschaftlicher Erkenntnisse verdeutlicht die Aufsatzsammlung »Das holographische Weltbild. Wissenschaft und Forschung auf dem Weg zu einem ganzheitlichen Weltverständnis – Erkenntnisse der Avantgarde der Naturwissenschaftler«, herausgegeben von *Ken Wilber* (Scherz, 1988).
Den »psychotherapeutischen Prozeß im Spiegel der Alchemie« (so der Untertitel) betrachtet *Edward F. Edingers* »Der Weg der Seele« (Kösel, 1990).
Zum Thema Astrologie ist sehr zu empfehlen: *Fritz Riemann:* »Lebenshilfe Astrologie« (Pfeiffer, 9. Aufl. 1986).
Eine gute Einführung in die Deutungsmöglichkeiten des Tarot gibt *Hans-Dieter Leuenbergers* »Schule des Tarot« (in 3 Bänden, Bauer).
Zum I Ging ist ohne Frage das »Buch der Wandlungen« in der klassischen Übersetzung und mit einer Einleitung von *Richard Wilhelm* (Diederich, 1986) zu nennen.
Viele Auflagen erreichten bereits *Karl Spiesbergers:* »Der erfolgreiche Pendelpraktiker« (Bauer, 14. Aufl. 1987) und *Heinrich Jürgens:* »Die Wünschelrute und ihr Gebrauch« (Bauer, 9. Aufl. 1987).
Zum Thema Handlesen empfehlen sich die Schriften von *Ursula von Mangoldt*, einer der besten Sachkennerinnen auf diesem Gebiet, z.B.: »Schicksal in der Hand« (Knaur, 1982).
Die Kabbala als einen modernen Weg zur Selbstentfaltung schildert das Buch von *Zév ben Shimon Halevi:* »Lebendige Kabbalah. Anleitung und Übungen zur praktischen Arbeit im Alltag« (Kösel, 1989).
Eine anschauliche Einführung in die Edelsteinheilkunde gibt *Daya Sarai Chocron:* »Heilen mit Edelsteinen« (Hugendubel, 1984). Wer sich umfassender über Steine und den Umgang mit ihnen informieren will, sei auf *Ra Bonewitz:* »Der Kosmos der Kristalle« (Kösel, 1987) verwiesen.
Zum Thema Feuerlauf sei das Buch von *Kurt E. Schweighardt:* »Feuerlaufen« (Peter Erd, 1987) erwähnt.
Zum neuen Hexenkult sind die Bücher von *Starhawk* zu nennen (Gründerin zweier Hexenbünde und Priesterin der »Gemeinschaft der Göttin« in den USA): »Der Hexenkult als Urreligion der großen Göttin. Magische Übungen, Rituale und Anregungen« (Bauer, 3. Aufl. 1987); sowie die der Ungarin *Zsuzsanna E. Budapest* (eine der bekanntesten Vertreterinnen der neuen Hexen in den USA): »Herrin der Dunkelheit, Königin des Lichts« (Bauer, 1987). Als Handbuch spiritueller Praktiken speziell für Frauen ist sehr zu empfehlen: *Hallie Iglehart:* »Weib-

liche Spiritualität. Traumarbeit, Meditationen und Rituale« (Kösel, 1988).

## 4. Heilung durch geistige Kraft

Spannend zum Thema geistige Heilung liest sich: *Karl Schnelting* (Hrsg.): »Geistige Heilung. Dokumentation einer Sendereihe des ZDF« (Aurum, 1986). Eine solide Untersuchung, vorwiegend zur Geist-Chirurgie, ist das Buch des Chemie- und Physik-Professors *Alfred Stelter:* »PSI-Heilung. Parapsychologie und Medizin« (Knaur). Die im Zusammenhang mit Geist-Heilung vieldiskutierte Theorie der »morphogenetischen Felder«, die mit dem esoterischen »Ätherleib« in Beziehung stehen, wurde entwickelt und einleuchtend dargestellt von *Rupert Sheldrake:* »Das schöpferische Universum. Die Theorie des morphogenetischen Feldes« (Goldmann, 1987).
Auskunft zur Homöopathie gibt *E.A. Maury*: »Homöopathie von A bis Z für die Familie« (Hippokrates, 2. Aufl. 1985). Sehr zu empfehlen ist auch das Buch des Griechen *Georgos Vithoulkas:* »Medizin der Zukunft. Homöopathie« (Wenderoth, 1979).
Zur Einführung in die Akupunktur empfiehlt sich *J.R. Worsley:* »Was ist Akupunktur?« (Plejaden, 1986).
Eine der besten Kennerinnen der Bach-Blütentherapie ist *Mechthild Scheffer*: »Bach Blütentherapie. Theorie und Praxis« (Hugendubel, 12. Aufl. 1988).
Die Psychologie C.G. Jungs wird knapp und verständlich von *Peter O'Connor* dargestellt: »Innere Welten. C.G. Jung verstehen – sich selbst verstehen« (Rowohlt, 1988). Ebenfalls gut zur ersten Orientierung geeignet ist das Buch *Gerhard Wehrs:* »C.G. Jung mit Selbstzeugnissen und Bilddokumenten« (Rowohlt, 1985). Eine Einführung in die Transpersonale Psychologie geben folgende Bücher: *Ken Wilber:* »Wege zum Selbst. Östliche und westliche Ansätze zu persönlichem Wachstum« (Kösel, 4. Aufl. 1988). Ken Wilber gilt als der bedeutendste New Age-Philosoph. Die ganz praktischen Aspekte der Transpersonalen Psychologie berücksichtigt *Frances Vaughan* in ihrem neuen Buch – das auch Übungen zum Selbermachen enthält –: »Die Reise zur Ganzheit. Psychotherapie und spirituelle Suche« (Kösel, 1990). Eher theoretisch ausgerichtet ist der Sammelband »Psychologie in der Wende. Grundlagen, Methoden und Ziele der Transpersonalen Psychologie des Neuen Bewußtseins«, herausgegeben von *Roger N. Walsh* und *Frances Vaughan* (Rowohlt, 1987). Über Grofs Holotrope Therapie informiert man sich am besten bei *Stanislav Grof:* »Das Abenteuer der Selbstentdeckung. Heilung durch veränderte Be-

wußtseinszustände. Ein Leitfaden« (Kösel, 1987). Zur Initiatischen Therapie empfiehlt sich das wichtige Buch von *Karlfried Graf von Dürckheim:* »Vom doppelten Ursprung des Menschen« (Herder, 10. Aufl. 1987). Von Graf Dürckheim gibt es auch besprochene Tonkassetten, die einen lebendigeren Eindruck seiner Persönlichkeit vermitteln, sowie eine Biographie von *Gerhard Wehr:* »Karlfried Graf Dürckheim. Ein Leben im Zeichen der Wandlung« (Kösel, 1988), die seinen ungewöhnlichen Lebensgang vom deutschnational erzogenen Adligen zum Wegbegleiter zahlloser suchender Menschen nachzeichnet.

## 5. Jenseits, Tod und Wiedergeburt

Einen Überblick über die Thanatologie gibt *Milan Ryzl:* »Der Tod und was danach kommt. Das Weiterleben aus der Sicht der Parapsychologie« (Goldmann, 3. Aufl. 1986). Zwei sehr eindrucksvolle Bücher – ganz aus der persönlichen Erfahrung heraus geschrieben – sind das des Chefarztes *Eckhart Wiesenhütter:* »Blick nach drüben. Selbsterfahrung im Sterben« (Gütersloher Verlagshaus, 4. Aufl. 1977) und *Elisabeth Kübler-Ross:* »Über den Tod und das Leben danach« (Silberschnur, 4. Aufl. 1985). Auch das Buch »Interviews mit Sterbenden« (Gütersloher Verlagshaus, 14. Aufl. 1987), das der modernen Thanatologie den Anstoß gegeben hat, ist eine bewegende Lektüre. Ebenfalls vom eigenen Erlebnis geht *Stefan von Jankovich* aus: »Ich war klinisch tot. Der Tod – mein schönstes Erlebnis« (Drei Eichen, 2. Aufl. 1985). Mit reichem Bildmaterial aus allen Kulturen und Zeiten ist ein Band versehen, der zudem einen guten Kurzüberblick über die Thanatologie gibt: *Stanislav* und *Christina Grof:* »Jenseits des Todes. An den Toren des Bewußtseins« (Kösel, 2. Aufl. 1986). Neue Forschungsergebnisse bringt der bekannteste Todesforscher *Raymond A. Moody* in seinem dritten Buch: »Das Licht von Drüben. Neue Fragen und Antworten« (Rowohlt, 1989). Wen die wissenschaftlich-medizinische Sicht der Sterbeerlebnisse besonders interessiert, dem sei die sorgfältige Studie des Kardiologen *Michael B. Sabom* empfohlen: »Erinnerungen an den Tod. Eine medizinische Untersuchung« (Goldmann, 1987). Die Auswirkungen der Sterbeerfahrung auf das Leben berücksichtigt der amerikanische Psychologie-Professor *Kenneth Ring:* »Den Tod erfahren – das Leben gewinnen. Erkenntnisse und Erfahrungen von Menschen, die an der Schwelle zum Tod gestanden und überlebt haben« (Bastei-Lübbe, 1988).
Als kurze Einführung in den Spiritismus eignet sich: *Hans Kals:* »Kontakt mit Verstorbenen. Erfahrungen – Vermutungen – Beweise«

(Herder, 1987). Engagiert für die spiritistische Sicht setzt sich der Physikprofessor *Werner Schiebeler* ein: »Der Tod, die Brücke zu neuem Leben. Beweise für ein persönliches Fortleben nach dem Tod. Der Bericht eines Physikers« (Die Silberschnur, 1988). Eine umfangreiche Studie zum Thema Channeling stammt von *Jon Klimo:* »Channeling. Der Empfang von Informationen aus paranormalen Quellen« (Bauer, 1988). Äußerst spannend, weil fast wie ein Roman geschrieben, liest sich der Erlebnisbericht *Friedrich Jürgensons:* »Sprechfunk mit Verstorbenen« (Goldmann, 1987).
Zum Thema Reinkarnation eignet sich: *Uwe Topper:* »Wiedergeburt. Das Wissen der Völker« (Rowohlt, 1988). Versuche, die Wiederverkörperungslehre mit wissenschaftlichem Rüstzeug zu beweisen, beinhalten die folgenden Bücher: *Helen Wambach:* »Leben vor dem Leben« (Heyne, 1988) und *Ian Stevenson:* »Reinkarnation. Der Mensch im Wandel von Tod und Wiedergeburt« (Aurum, 1986).

## New Age

Der grundlegende Bestseller für eine neue spirituelle Perspektive ist natürlich *Fritjof Capras:* »Wendezeit, Baustein für ein neues Weltbild« (Knaur, 1988). Ein ebensowichtiges Buch ist *Marilyn Fergusons:* »Die sanfte Verschwörung. Persönliche und gesellschaftliche Transformation im Zeitalter des Wassermanns« (Knaur). Wer erfahren möchte, was er tun kann, damit die globale Krise aus einer spirituellen Haltung heraus überwunden wird, dem sei Fergusons Buch besonders empfohlen. Mit der Frage, wie die gegenwärtige Krise zu bewältigen ist, befaßt sich auch der von *Stanislav Grof* unter dem Titel »Die Chance der Menschheit. Bewußtseinsentwicklung – der Ausweg aus der globalen Krise« (Kösel, 1988) herausgegebene Sammelband, in dem so bekannte Autoren wie Elisabeth Kübler-Ross, Kenneth Ring, David Steindl-Rast u.a. Antworten geben.
Ebenfalls zu den Grundlagenwerken der »New Age-Philosophie« gehören die Bücher von *Ken Wilber*, vor allem »Halbzeit der Evolution« (Goldmann, 1988) und »Die drei Augen der Erkenntnis« (Kösel, 1988).
Die Entstehung und Ausbreitung der New Age-Bewegung wird sehr illustrativ von *Günter Myrell, Walther Schmandt* und *Jürgen Voigt* geschildert, in: »Neues Denken – alte Geister, New Age unter der Lupe« (entstanden nach einer ZDF- Fernsehserie) (Falken, 1987). Eine sehr übersichtliche Einführung mit Literaturangaben und Adressen von wichtigen Gruppen gibt: *Daniel Sillescu:* »Das New Age Buch. Bewußtseinswandel in Wirtschaft, Politik, Erziehung, Psychologie,

Physik, Biologie, Medizin, Grenzwissenschaften, Philosophie, Musik und Kunst« (Sillescu, 2. Aufl. 1987). Daß die New Age-Perspektive mit christlicher Sicht vereinbar ist, zeigt: *Günther Schiwy:* »Der Geist des neuen Zeitalters. New Age-Spiritualität und Christentum« (Kösel, 1987).

# Register